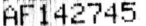

AF142745

# TROUVER L'AMOUR À 30 ANS ET EAU-DELÀ

Un guide conçu pour vous aider à naviguer dans le monde des rencontres avec sagesse, confiance et enthousiasme.

# Introduction : La Magie de la Deuxième Chance : Trouver l'Amour Après 30 Ans

L'amour ne suit pas toujours le chemin que l'on imagine. À 30 ans et au-delà, beaucoup d'entre nous ont connu les hauts et les bas des relations, les rêves brisés, les désillusions et les espoirs renversés. Pourtant, au cœur de ces expériences se trouve une opportunité précieuse : celle de redécouvrir l'amour sous une nouvelle lumière.

Bienvenue dans *La Magie de la Deuxième Chance : Trouver l'Amour Après 30 Ans*, un guide conçu pour vous aider à naviguer dans le monde des rencontres avec sagesse, confiance et enthousiasme. Que vous soyez récemment sortie d'une relation, que vous reveniez à la scène des rencontres après une longue pause, ou que vous cherchiez simplement à améliorer vos expériences amoureuses, ce livre est fait pour vous.

Loin des clichés et des pressions sociales, nous explorerons ensemble les défis uniques et les opportunités incroyables que vous offre cette nouvelle étape de votre vie. Vous découvrirez comment transformer les obstacles en tremplins, comment apprendre de vos expériences passées et comment embrasser pleinement votre potentiel amoureux.

À travers des conseils pratiques, des témoignages inspirants et des stratégies éprouvées, vous trouverez des outils pour renforcer votre confiance en vous, optimiser votre approche des rencontres, et finalement, ouvrir la porte à une relation épanouissante et authentique.

Chaque chapitre de ce livre est une invitation à revisiter vos attentes, à célébrer votre parcours personnel et à ouvrir votre cœur à une seconde chance amoureuse. La magie de l'amour n'est pas réservée aux contes de fées ou aux premières rencontres – elle peut surgir à tout moment, même lorsque l'on s'y attend le moins.

Préparez-vous à redécouvrir l'amour sous un nouveau jour. Votre voyage vers une relation pleine de bonheur et de satisfaction commence ici. Vous êtes prête pour cette aventure, et nous sommes ravis de vous accompagner tout au long du chemin.

En avant pour cette belle aventure de la seconde chance !

# Préface

À une époque où les contes de fées et les idéaux romantiques nous promettent que l'amour est toujours une question de rencontre parfaite et de « happily ever after », il est facile de se sentir perdue lorsque la réalité ne correspond pas à ces attentes. Si vous lisez ces lignes, c'est probablement parce que vous avez vécu les déceptions et les remises en question qui peuvent accompagner la quête de l'amour, surtout après 30 ans.

À plus de trois décennies, vous avez acquis une sagesse précieuse, une compréhension plus profonde de vous-même, et des attentes plus claires sur ce que vous recherchez vraiment dans une relation. Cette période de votre vie, souvent marquée par des défis personnels et professionnels, est aussi une période où l'amour peut renaître sous des formes inattendues et merveilleuses.

*La Magie de la Deuxième Chance : Trouver l'Amour Après 30 Ans* est une célébration de cette phase unique et puissante de la vie. Ce livre est né de la conviction que chaque femme mérite de vivre une histoire d'amour épanouissante, peu importe les obstacles rencontrés ou les expériences passées. Mon but ici est de vous guider à travers un voyage de redécouverte et de renouveau, avec des conseils pratiques, des stratégies éprouvées, et des témoignages inspirants.

À travers les pages qui suivent, vous trouverez des outils pour transformer les défis en opportunités et des conseils pour aborder les rencontres avec une perspective rafraîchie. Vous découvrirez que l'amour peut être non seulement une quête, mais une aventure enrichissante qui commence par la connaissance et l'acceptation de soi. Le chemin vers l'amour après 30 ans est peut-être différent de ce que vous aviez imaginé, mais il est tout aussi riche et prometteur.

Laissez-vous inspirer par les histoires de femmes qui ont trouvé l'amour après avoir traversé des épreuves, par les stratégies qui vous aideront à naviguer dans le monde des rencontres modernes, et par les réflexions qui vous encourageront à croire en la magie des secondes chances. En abordant ce livre, vous prenez une décision courageuse de réécrire votre propre histoire d'amour. Vous êtes prête à embrasser cette nouvelle aventure, et je suis honorée de faire partie de ce voyage avec vous.

Alors, ouvrons ensemble les portes de cette aventure fascinante et révélatrice. Que la magie de la deuxième chance vous guide vers l'amour et le bonheur que vous méritez.

---

Avec toute mon admiration et mon soutien,

Mac KAUKA

# Un Voyage Vers le Grand Amour : Les Réponses aux Questions Qui Comptent

À trente ans et plus, il est naturel de se poser des questions profondes et parfois bouleversantes sur la vie amoureuse. Peut-être vous êtes-vous demandé : *"Pourquoi est-ce si difficile de trouver l'amour maintenant ?"* ou *"Comment faire pour ne pas perdre espoir alors que les années passent ?"* Vous n'êtes pas seule dans cette quête. Chaque femme, à ce stade de la vie, traverse des moments de doute, des réflexions intenses et des rêves d'un amour durable et véritable.

*La Magie de la Deuxième Chance : Trouver l'Amour Après 30 Ans* est conçu pour être votre compagnon de route, un guide éclairant qui répondra à ces questions essentielles et bien plus encore. Nous avons rassemblé des réponses sincères et pertinentes à vos interrogations les plus profondes, celles qui occupent vos pensées lors des nuits solitaires et des journées pleines de promesses déçues.

Au fil des pages, nous explorerons des thèmes cruciaux : comment aborder les rencontres avec une perspective renouvelée, comment gérer les attentes personnelles et familiales, et comment se préparer mentalement et émotionnellement à accueillir l'amour qui arrive. Vous trouverez des conseils pratiques, pragmatiques et surtout actionnables, conçus pour vous offrir des outils concrets et efficaces afin de transformer votre approche des relations.

Mais ce livre ne se contente pas de vous fournir des stratégies. Il est aussi une invitation à savourer chaque moment de votre vie de célibataire. Nous vous encourageons à embrasser pleinement cette phase comme une opportunité précieuse de croissance personnelle et de préparation pour l'avenir. Car chaque instant passé à se comprendre soi-même, à affiner ses désirs et à construire sa confiance en soi est une étape essentielle sur le chemin de l'amour véritable.

En suivant les conseils et en appliquant les stratégies partagées ici, vous serez prête à aborder les rencontres avec une nouvelle énergie et une perspective positive. Vous apprendrez à mettre toutes les chances de votre côté, à créer des connexions authentiques et à reconnaître l'amour lorsque celui-ci se présentera.

Ce livre est bien plus qu'un simple guide ; il est une promesse de transformation et une célébration de la beauté de la vie après 30 ans. Préparez-vous à découvrir non seulement des réponses, mais aussi à redéfinir votre chemin vers le grand amour.

La magie de la deuxième chance est là, prête à vous révéler ses secrets. L'amour véritable est à votre portée, et ce voyage vous guidera vers lui avec assurance et joie.

# Les Plus Grands Défis des Rencontres Après 30 Ans

## 1. Les Attentes Élevées et les Pressions Sociales

À 30 ans et au-delà, de nombreuses femmes se retrouvent avec des attentes élevées concernant leurs relations. Les pressions sociales peuvent intensifier ce sentiment, notamment les attentes familiales et sociétales relatives au mariage, à la maternité et à la stabilité. Ces pressions peuvent transformer les rencontres en une source de stress plutôt qu'un plaisir. Vous pourriez vous retrouver à chercher un partenaire qui coche toutes les cases de votre liste de critères, sans avoir le temps de vous concentrer sur la véritable connexion émotionnelle. Il est crucial de comprendre que vos attentes doivent être réalistes et basées sur la compatibilité émotionnelle, plutôt que sur des pressions externes.

## 2. La Peur de l'Engagement

Le passé peut laisser des cicatrices profondes qui influencent la façon dont vous abordez les relations futures. Si vous avez vécu une relation difficile ou un divorce, la peur de l'engagement peut devenir un obstacle majeur. Cette peur peut se manifester par une hésitation à se lancer dans une nouvelle relation ou à investir émotionnellement. Pour surmonter cette peur, il est essentiel de travailler sur votre guérison personnelle, d'aborder les relations futures avec une perspective positive et de reconnaître que chaque nouvelle relation est une chance pour un avenir meilleur.

## 3. Le Temps et les Priorités

À 30 ans, les engagements professionnels et personnels deviennent souvent plus importants. Vous pourriez jongler avec des carrières exigeantes, des responsabilités familiales ou d'autres priorités qui rendent difficile la rencontre de nouvelles personnes. Le manque de temps peut rendre les rencontres moins spontanées et plus programmées, ce qui peut diminuer la spontanéité et l'authenticité des interactions. Il est essentiel de créer un équilibre entre vos priorités et votre vie amoureuse, en intégrant des activités sociales dans votre emploi du temps chargé.

## 4. La Complexité des Applis de Rencontres

Les applications de rencontres sont devenues un outil courant pour trouver l'amour, mais elles présentent des défis uniques. Avec des milliers de profils à parcourir, il peut être difficile de se démarquer et de trouver des correspondances significatives. De plus, les interactions en ligne peuvent parfois être superficielles, conduisant à des malentendus et à des déceptions. Pour naviguer efficacement dans le monde des applications de rencontres, il est important de créer un profil authentique, de rester patient et d'aborder les conversations avec ouverture et honnêteté.

## 5. La Stigmatisation du Célibat

Malgré les évolutions sociales, il existe encore une stigmatisation attachée au célibat, surtout pour les femmes de plus de 30 ans. Les questions incessantes sur votre statut relationnel, les jugements des autres, et la pression pour "réussir" dans la vie amoureuse peuvent affecter votre confiance en vous. Pour contrer cette stigmatisation, il est essentiel de développer une forte estime de soi et de comprendre que le célibat est une phase normale et valable de la vie. La clé est de se concentrer sur votre propre bonheur et épanouissement, plutôt que sur les attentes des autres.

## 6. Les Compromis et la Compatibilité

Après 30 ans, vous avez une meilleure compréhension de ce que vous voulez et de ce dont vous avez besoin dans une relation. Cela peut rendre les compromis plus difficiles, car vous êtes moins prête à accepter des aspects qui ne correspondent pas à vos valeurs ou à vos objectifs de vie. Trouver un partenaire avec une compatibilité réelle et une vision commune pour l'avenir est essentiel, mais cela nécessite également de rester ouvert à la discussion et à la flexibilité. Vous devez évaluer les compromis qui en valent la peine tout en respectant vos propres limites et besoins.

## 7. Les Ruptures Passées et les Bagages Émotionnels

Les expériences de relations passées, y compris les ruptures douloureuses, peuvent laisser des bagages émotionnels qui affectent votre capacité à faire confiance et à vous engager dans de nouvelles relations. Ces cicatrices peuvent provoquer des comportements défensifs ou des hésitations à s'ouvrir pleinement à quelqu'un de nouveau. Travailler sur ces aspects par la thérapie ou la réflexion personnelle est crucial pour éviter que le passé n'entrave le potentiel de bonheur dans vos futures relations.

## 8. Les Objectifs de Vie et les Différences de Vision

À mesure que l'on vieillit, les objectifs de vie deviennent plus définis. Vous pouvez avoir des aspirations spécifiques concernant votre carrière, vos finances, ou vos plans de vie. Trouver un partenaire dont les objectifs s'alignent avec les vôtres peut être un défi, surtout si vous avez des priorités ou des projets à long terme très spécifiques. La communication ouverte sur vos objectifs et vos attentes est essentielle pour assurer que vous et votre partenaire êtes sur la même longueur d'onde.

## 9. La Gestion des Rencontres avec les Enfants

Pour celles qui ont des enfants, intégrer une nouvelle personne dans votre vie et celle de vos enfants peut être un défi majeur. Vous devez non seulement évaluer la compatibilité entre vous et votre partenaire potentiel, mais aussi considérer comment il s'intégrera dans la dynamique familiale. Il est important d'être honnête dès le début sur la présence d'enfants et d'ouvrir des discussions sur la façon dont la relation pourrait évoluer avec le temps.

## 10. L'Équilibre Entre les Relations Sociales et Romantiques

Maintenir un équilibre entre les relations amicales et une relation amoureuse peut devenir plus compliqué avec l'âge. Vous pourriez ressentir une pression pour concilier les besoins de votre partenaire avec ceux de vos amis et de votre famille. Assurez-vous de maintenir des liens forts avec vos amis et de continuer à cultiver vos relations sociales, tout en intégrant harmonieusement votre relation amoureuse dans votre vie. Une relation saine doit soutenir et enrichir vos autres relations, plutôt que de les éclipser.

---

Ces défis sont courants, mais chacun est surmontable avec une approche réfléchie et une compréhension de soi. En étant consciente de ces obstacles et en mettant en œuvre des stratégies efficaces pour les aborder, vous pouvez transformer votre vie amoureuse après 30 ans en une aventure enrichissante et pleine de promesses. La clé est de rester authentique, ouverte et déterminée à créer la vie amoureuse que vous méritez vraiment.

# La Peur de Rester Célibataire : Comment y Faire Face ?

La peur de rester célibataire est une émotion profondément ancrée et souvent troublante, surtout lorsque l'on atteint la trentaine et au-delà. C'est un sentiment complexe qui peut résulter de nombreuses sources : des attentes sociétales, des pressions familiales, ou des expériences personnelles de solitude. Cette peur peut influencer votre approche des rencontres et votre perception de la vie amoureuse, créant un cycle de stress et de frustration. Cependant, il est possible de surmonter cette peur et de transformer votre célibat en une période de croissance personnelle et de préparation pour un avenir amoureux épanouissant.

## 1. Comprendre la Source de la Peur

La première étape pour faire face à la peur de rester célibataire est de comprendre d'où elle vient. Pour beaucoup, cette peur est alimentée par des attentes sociétales, telles que l'idée que le bonheur est intrinsèquement lié à une relation romantique. Cette pression externe peut être renforcée par les conversations avec la famille et les amis, ainsi que par les représentations culturelles de la vie amoureuse. Prenez un moment pour réfléchir à vos propres croyances et à ce que signifie réellement pour vous l'amour et le bonheur. Être consciente de ces influences vous aidera à dissocier vos véritables désirs de ce que la société vous impose.

## 2. Repenser le Célibat comme une Opportunité

Le célibat n'est pas une condamnation, mais plutôt une opportunité précieuse. Il offre un espace pour la croissance personnelle, la découverte de soi et la poursuite de passions individuelles. Utilisez ce temps pour vous concentrer sur ce que vous aimez faire, pour explorer de nouvelles passions, et pour développer votre carrière ou vos compétences personnelles. En vous investissant dans des activités qui vous apportent de la joie et du sens, vous enrichissez votre vie, ce qui peut vous rendre encore plus attrayante pour un partenaire potentiel.

### 3. Développer une Estime de Soi Solide

La peur de rester célibataire est souvent liée à des sentiments d'insécurité ou de faible estime de soi. Si vous vous sentez incomplet sans une relation amoureuse, cela peut refléter une dépendance à la validation extérieure. Travaillez à renforcer votre estime de soi en vous concentrant sur vos réalisations, vos qualités et vos valeurs. Pratiquez l'auto-compassion et souvenez-vous que vous êtes digne d'amour et de bonheur, indépendamment de votre statut relationnel. La confiance en soi est un atout précieux dans la recherche d'une relation saine et épanouissante.

### 4. Établir des Objectifs Clairs pour la Vie Amoureuse

Définir ce que vous voulez réellement dans une relation peut vous aider à aborder le célibat avec plus de clarté et de direction. Créez une liste de ce que vous recherchez chez un partenaire et dans une relation, en vous basant sur des valeurs et des objectifs compatibles avec votre vision de la vie. Avoir des objectifs clairs peut vous aider à éviter de vous engager dans des relations qui ne vous conviennent pas et à rester motivée dans votre quête de l'amour véritable.

### 5. Transformer la Peur en Action

Au lieu de laisser la peur vous paralyser, utilisez-la comme un moteur pour prendre des actions concrètes. Engagez-vous dans des activités sociales, explorez des hobbies, et soyez proactive dans la rencontre de nouvelles personnes. Plus vous sortez de votre zone de confort et vous exposez à des opportunités de connexion, plus vous augmentez vos chances de trouver un partenaire compatible. La peur peut être un catalyseur puissant pour le changement si vous l'utilisez pour avancer avec détermination.

## 6. Créer un Réseau de Soutien Positif

Entourez-vous de personnes qui vous soutiennent et vous encouragent dans votre quête amoureuse. Avoir un cercle de confiance composé d'amis et de proches qui vous soutiennent vous aide à maintenir une attitude positive et à garder le moral. Évitez les personnes qui renforcent vos peurs ou qui expriment des jugements négatifs sur votre statut relationnel. Un réseau de soutien positif peut vous offrir des perspectives différentes, des encouragements et des conseils précieux.

## 7. Pratiquer la Pleine Conscience et la Méditation

La pleine conscience et la méditation peuvent être des outils puissants pour gérer l'anxiété liée au célibat. En apprenant à vous ancrer dans le moment présent et à accepter vos émotions sans jugement, vous pouvez réduire le stress et la préoccupation excessive concernant l'avenir. Ces pratiques vous aident à maintenir une perspective équilibrée et à aborder votre vie amoureuse avec plus de sérénité.

## 8. Redéfinir le Concept de Réussite Personnelle

La notion de réussite personnelle ne devrait pas se limiter au statut relationnel. Réfléchissez à d'autres aspects de votre vie dans lesquels vous vous épanouissez et réussissez. Que ce soit dans votre carrière, vos relations amicales, vos activités créatives ou vos engagements sociaux, reconnaissez et célébrez vos succès et vos accomplissements personnels. La réalisation personnelle et la satisfaction viennent de divers aspects de la vie, pas seulement de la réussite amoureuse.

### 9. Accepter l'Incertitude et Lâcher Prise

Il est important de comprendre que l'avenir est incertain et que nous ne pouvons pas toujours contrôler les résultats de nos efforts. Accepter cette incertitude et lâcher prise sur le besoin de tout planifier ou de tout contrôler peut libérer une grande partie du stress et de l'anxiété liés à la peur de rester célibataire. Vivez pleinement le présent et faites confiance au processus de la vie amoureuse. Parfois, l'amour se présente lorsque vous vous y attendez le moins.

### 10. Se Souvenir que L'Amour Peut Arriver à Tout Moment

L'amour n'est pas un but à atteindre à une certaine étape de la vie, mais plutôt une expérience qui peut surgir à tout moment. Il est essentiel de garder l'esprit ouvert et le cœur prêt à accueillir l'amour, même si cela prend du temps. Chaque rencontre et chaque relation potentielle est une opportunité d'apprendre, de grandir et de se rapprocher de l'amour que vous recherchez. En maintenant une attitude positive et en restant ouverte aux possibilités, vous augmentez vos chances de vivre une relation épanouissante et significative.

---

La peur de rester célibataire est un défi que beaucoup de femmes rencontrent, mais elle ne doit pas définir votre vie ou vos choix. En abordant cette peur avec conscience, courage et détermination, vous pouvez transformer cette période de célibat en une aventure enrichissante et pleine de promesses. Rappelez-vous que l'amour est un voyage, non une destination, et que chaque étape vous rapproche un peu plus de la connexion authentique et durable que vous méritez.

## Témoignage : Tomber Amoureuse de Nouveau Après une Longue Pause

---

## Introduction

La vie nous réserve parfois des surprises inattendues, et le chemin vers l'amour peut être tout sauf linéaire. Après une longue pause, retourner dans le monde des rencontres peut sembler aussi intimidant qu'excitant. Le témoignage de Marie, 38 ans, illustre parfaitement ce voyage de redécouverte et de renaissance sentimentale. Son histoire est une source d'inspiration pour toutes celles qui hésitent à ouvrir à nouveau leur cœur après une période de célibat prolongé.

---

## Le Point de Départ : Une Longue Période de Célibat

Marie avait 33 ans lorsqu'elle a mis fin à une relation de longue date qui, bien que profondément significative, n'avait pas évolué dans la direction qu'elle espérait. Après cette rupture, elle a choisi de se concentrer sur sa carrière et sur elle-même, s'engageant dans une période de réflexion personnelle. Cette décision lui a permis de se reconstruire et de redécouvrir ses passions, mais le célibat prolongé a aussi apporté son lot de défis et de questionnements.

## Une Nouvelle Perspective sur l'Amour

Après cinq ans de célibat, Marie a décidé qu'il était temps d'explorer à nouveau le monde des rencontres. Elle se souvient de la première fois où elle a commencé à envisager cette possibilité : "Je me sentais à la fois excitée et nerveuse. Il y avait une partie de moi qui avait peur de l'inconnu et une autre partie qui était prête à embrasser de nouvelles opportunités." Cette dualité est fréquente chez celles qui reprennent les rencontres après une longue pause ; il est normal de ressentir une mixité d'émotions face à cette nouvelle aventure.

## Surmonter les Anxiétés et les Inhibitions

Le retour aux rencontres après une longue pause a apporté son lot d'anxiétés. Marie se rappelle : "Je me suis retrouvée à douter de ma capacité à établir des connexions significatives. Les interactions sociales m'ont paru un peu étranges au début, et j'ai eu peur de ne pas être à la hauteur des attentes d'un potentiel partenaire." Elle a dû surmonter ces inhibitions en se rappelant ses qualités et ses expériences passées. "Il était important pour moi de me rappeler que j'avais beaucoup à offrir et que je méritais une relation épanouissante."

## La Découverte de Nouvelles Méthodes de Rencontre

Marie a exploré plusieurs avenues pour rencontrer de nouvelles personnes. Elle a essayé les applications de rencontres, s'est inscrite à des activités sociales, et a renoué avec des cercles d'amis. "Les applications de rencontres étaient un terrain inconnu pour moi, mais j'ai vite appris à naviguer dans ce monde numérique. Ce qui a été le plus précieux, c'était d'oser sortir de ma zone de confort et d'être ouverte aux nouvelles expériences." En combinant différentes méthodes, Marie a pu diversifier ses opportunités de rencontre et élargir son cercle social.

## Les Leçons Apprises de la Vie de Célibataire

Une partie essentielle de la préparation pour entrer à nouveau dans le monde des rencontres a été la réflexion sur ce qu'elle avait appris durant sa période de célibat. Marie souligne : "Cette période m'a permis de grandir et de comprendre ce que je voulais vraiment dans une relation. J'ai appris à me connaître mieux, à définir mes besoins et à apprécier ma propre compagnie. Ces leçons ont été fondamentales pour établir une connexion authentique avec quelqu'un de nouveau."

## La Rencontre avec un Nouveau Partenaire

Finalement, après plusieurs mois de rencontres, Marie a trouvé quelqu'un avec qui elle se sentait profondément connectée. "Lorsque j'ai rencontré Antoine, j'ai senti quelque chose de spécial. Nous avons partagé des valeurs communes et une vision de la vie qui nous a rapprochés immédiatement." La clé de leur connexion a été la communication ouverte et l'honnêteté. Marie explique : "Il était important pour moi d'être transparente sur mes attentes et mes besoins dès le début. Cela a permis d'établir une base solide et honnête pour notre relation."

## L'Importance de la Patience et de l'Authenticité

Une leçon importante que Marie a apprise tout au long de son voyage est l'importance de la patience et de l'authenticité. "Rien ne se passe du jour au lendemain, et il est essentiel de rester fidèle à soi-même. Chaque expérience, qu'elle soit réussie ou non, contribue à vous rapprocher de ce que vous recherchez réellement." Sa patience et sa sincérité ont été des atouts précieux dans sa quête de l'amour véritable.

## Célébrer le Voyage et les Réalisations Personnelles

Pour Marie, le voyage vers l'amour après une longue pause a été non seulement une quête pour trouver un partenaire, mais aussi une célébration de sa propre évolution personnelle. "Je vois cette période comme une aventure enrichissante qui m'a permis de découvrir des aspects nouveaux de moi-même et de la vie. Trouver l'amour a été la cerise sur le gâteau, mais le vrai bonheur réside dans la croissance et l'épanouissement que j'ai vécus pendant ce voyage."

## Conclusion

L'histoire de Marie est un puissant témoignage de ce qu'il est possible d'accomplir lorsque l'on ouvre son cœur après une longue période de célibat. Son parcours rappelle que, malgré les défis et les incertitudes, la persévérance, la patience et la volonté de grandir personnellement peuvent mener à des rencontres significatives et à une relation épanouissante. En embrassant votre propre voyage avec courage et ouverture, vous aussi pouvez redécouvrir l'amour et la joie, même après une pause prolongée.

# Conseils pour Aborder les Applications de Rencontres à 30 Ans et Plus

L'arrivée dans le monde des applications de rencontres peut être un défi, surtout lorsque l'on a 30 ans ou plus. Les attentes, les expériences passées et les objectifs personnels influencent fortement la manière dont on perçoit et utilise ces outils modernes. Cependant, les applications de rencontres offrent des opportunités uniques pour rencontrer de nouvelles personnes et potentiellement trouver l'amour. Voici des conseils pratiques pour aborder les applications de rencontres de manière efficace et épanouissante à cet âge.

## 1. Définir Vos Objectifs et Vos Attentes

Avant de vous lancer dans les applications de rencontres, il est crucial de clarifier ce que vous recherchez. Vos objectifs peuvent varier de simples rencontres à la recherche d'une relation sérieuse. Prenez le temps de réfléchir à vos attentes, à ce que vous espérez trouver chez un partenaire et à la manière dont vous souhaitez que cette expérience enrichisse votre vie. Une fois vos objectifs définis, choisissez les applications qui correspondent le mieux à vos aspirations – certaines sont plus orientées vers les rencontres sérieuses, tandis que d'autres sont plus décontractées.

## 2. Créer un Profil Authentique et Engagé

Votre profil est la première impression que vous laissez aux autres, il est donc essentiel qu'il soit authentique et engageant. Choisissez des photos récentes et de haute qualité qui montrent clairement votre visage et reflètent votre personnalité. Évitez les photos floues ou trop retouchées. Dans la description de votre profil, soyez honnête et ouvert sur vos intérêts, vos valeurs et ce que vous recherchez. Une présentation sincère attirera des personnes qui partagent vos valeurs et vos intérêts.

### 3. Être Proactif et Engagé

Sur les applications de rencontres, il est important de prendre une approche proactive. N'attendez pas que les autres vous contactent ; faites le premier pas en envoyant des messages à ceux qui vous intéressent. Lorsque vous engagez une conversation, soyez authentique et personnel. Mentionnez quelque chose que vous avez remarqué sur leur profil pour montrer que vous avez pris le temps de le lire. Les échanges initiaux devraient viser à établir une connexion réelle plutôt qu'à simplement échanger des banalités.

### 4. Gérer les Attentes et les Rejets

Les applications de rencontres peuvent parfois être un terrain de jeux émotionnellement difficile, avec des attentes qui ne sont pas toujours satisfaites et des rejets qui peuvent être décourageants. Il est important de gérer vos attentes et de comprendre que le processus de rencontre peut inclure des hauts et des bas. Ne prenez pas les rejets personnellement ; ils font partie intégrante du processus. Gardez une attitude positive et soyez patient. La persévérance est souvent la clé pour trouver une connexion significative.

### 5. Prioriser la Sécurité et la Confidentialité

La sécurité est une priorité sur les applications de rencontres. Ne partagez pas d'informations personnelles sensibles, telles que votre adresse ou des détails financiers, avant d'avoir établi une relation de confiance avec la personne. Utilisez les fonctionnalités de sécurité des applications, comme les options de blocage et de signalement, pour protéger votre vie privée. Rencontrez toujours dans des lieux publics lors des premiers rendez-vous pour assurer votre sécurité.

## 6. Éviter les Comparaisons Inutiles

Il peut être tentant de comparer les profils et les interactions avec ceux des autres, mais cela peut générer des sentiments d'insatisfaction et de doute. Chaque personne est unique, et chaque rencontre a ses propres dynamiques. Concentrez-vous sur vos propres expériences et sur les personnes que vous rencontrez directement. Évitez de vous comparer à des modèles idéalisés ou à des histoires de succès que vous pouvez lire en ligne.

## 7. Communiquer Ouvertement et Honnêtement

Une communication claire et honnête est essentielle pour établir une relation solide. Dès le début, exprimez vos intentions et vos attentes de manière ouverte. Posez des questions pertinentes pour mieux comprendre la personne avec qui vous parlez, et partagez également vos propres pensées et sentiments. Une communication ouverte réduit les malentendus et facilite la construction d'une connexion authentique.

## 8. Rester Flexible et Ouvert d'Esprit

Les applications de rencontres offrent la possibilité de rencontrer des personnes avec des parcours et des perspectives différents des vôtres. Soyez ouverte à explorer des relations avec des personnes qui ne correspondent pas exactement à vos critères initiaux. Parfois, les meilleures connexions se forment avec des individus qui ne correspondaient pas à votre vision parfaite, mais qui apportent quelque chose de précieux et de surprenant dans votre vie.

## 9. Prendre le Temps de Connaître les Autres

Ne vous précipitez pas dans les relations ou les décisions. Prenez le temps de vraiment connaître la personne avant de vous engager dans une relation plus sérieuse. Passez du temps à discuter, à apprendre à vous connaître et à établir une connexion émotionnelle. Les rencontres réussies se construisent souvent sur des bases solides de compréhension mutuelle et de respect.

## 10. Garder une Attitude Positive et Optimiste

Enfin, gardez une attitude positive tout au long de votre expérience sur les applications de rencontres. L'optimisme peut faire une grande différence dans la manière dont vous percevez et gérez les rencontres. Même si vous rencontrez des obstacles ou des défis, essayez de voir chaque interaction comme une opportunité d'apprentissage et de croissance. Votre attitude positive attirera également des personnes qui partagent votre perspective optimiste.

---

Les applications de rencontres peuvent être une avenue enrichissante pour rencontrer de nouvelles personnes et potentiellement trouver l'amour, surtout à 30 ans et plus. En abordant ces plateformes avec des objectifs clairs, une communication honnête et une attitude ouverte, vous maximisez vos chances de vivre des expériences positives et significatives. Rappelez-vous que chaque rencontre est une opportunité d'apprendre et de grandir, et que l'amour peut surgir lorsque vous vous y attendez le moins. Embrassez le voyage avec confiance et patience, et vous serez sur la voie de découvrir des connexions authentiques et durables.

# Red Flags : Ce Que les Femmes de 30+ Devraient Éviter

Naviguer dans le monde des rencontres après 30 ans peut être une expérience excitante mais aussi complexe. À cet âge, vous avez probablement une meilleure connaissance de vous-même, de vos attentes et de ce que vous recherchez dans une relation. Cependant, il est tout aussi important de rester vigilant face aux signaux d'alerte qui pourraient indiquer que quelqu'un n'est pas prêt pour une relation saine ou ne correspond pas à vos besoins. Voici les red flags essentiels que les femmes de 30 ans et plus devraient éviter pour assurer des relations épanouissantes et respectueuses.

## 1. Manque de Respect pour Vos Valeurs et Vos Objectifs

À 30 ans, vos valeurs et vos objectifs personnels sont souvent bien définis. Si vous rencontrez quelqu'un qui minimise ou ignore vos valeurs fondamentales, vos objectifs de vie, ou vos aspirations, cela peut être un signe de désalignement significatif. Une relation saine repose sur le respect mutuel des priorités de chacun. Si un partenaire potentiel n'est pas prêt à soutenir ou à comprendre vos objectifs, cela pourrait poser un problème à long terme.

## 2. Évitement de la Communication Honnête

La communication est la pierre angulaire de toute relation réussie. Si vous constatez que quelqu'un évite les conversations importantes, est vague sur ses intentions ou semble réticent à parler de ses émotions ou de ses attentes, c'est un signal d'alerte. Une communication ouverte et honnête est cruciale pour résoudre les conflits et construire une relation solide. Si un partenaire potentiel ne montre pas d'engagement à communiquer clairement, cela peut indiquer des problèmes plus profonds.

### 3. Comportement Contrôlant ou Possessif

Le comportement contrôlant ou possessif peut prendre plusieurs formes, comme essayer de limiter vos interactions sociales, surveiller vos activités, ou imposer des restrictions sur vos choix personnels. À 30 ans, il est important de maintenir des relations équilibrées où chacun a son espace et ses libertés. Si quelqu'un montre des signes de contrôle excessif, il est crucial de reconnaître ce comportement comme une red flag et d'en discuter ouvertement, ou de mettre fin à la relation si nécessaire.

### 4. Incohérences entre Paroles et Actions

Lorsque les actions d'un partenaire ne correspondent pas à ses paroles, cela peut être un signe de manipulation ou d'hypocrisie. Par exemple, quelqu'un qui dit vouloir une relation sérieuse mais agit de manière désinvolte ou inconsistante pourrait ne pas être sincère. À 30 ans, vous avez souvent une bonne capacité à évaluer la cohérence entre ce que les gens disent et ce qu'ils font. Si les paroles ne sont pas alignées avec les actions, il est essentiel de prendre du recul et de réévaluer la relation.

### 5. Historique de Relations Passées Toxiques

Il est important de prêter attention à la manière dont quelqu'un parle de ses relations passées. Si un partenaire potentiel parle constamment en termes négatifs ou blâme toujours ses ex pour ses problèmes, cela peut indiquer un manque de responsabilité personnelle ou une incapacité à réfléchir sur ses propres comportements. Les relations passées peuvent fournir des indices précieux sur la manière dont quelqu'un pourrait gérer une nouvelle relation.

## 6. Absence de Responsabilité Financière

La gestion financière est un aspect crucial dans les relations adultes. Si vous rencontrez quelqu'un qui semble irresponsable financièrement, évite de discuter de ses finances, ou qui a des dettes importantes sans plan de remboursement, cela peut poser des problèmes futurs. Une stabilité financière est importante pour la santé d'une relation à long terme. Assurez-vous que vous êtes sur la même longueur d'onde concernant les questions financières et les responsabilités.

## 7. Refus d'Engagement

À 30 ans, de nombreuses personnes cherchent une relation sérieuse avec un engagement à long terme. Si quelqu'un refuse constamment d'aborder les sujets d'engagement ou montre une attitude nonchalante envers l'avenir de la relation, cela peut être un indicateur que vous avez des attentes divergentes. L'honnêteté sur les intentions et les objectifs relationnels est cruciale pour éviter les déceptions et les frustrations.

## 8. Comportement Égoïste ou Manque de Considération

Le comportement égoïste ou le manque de considération pour vos besoins et sentiments est une red flag significative. Si un partenaire potentiel montre peu d'intérêt pour vos émotions, vos besoins ou vos préoccupations, cela peut indiquer une incapacité à être dans une relation équilibrée. Une relation saine repose sur la réciprocité et le respect des besoins de chacun.

## 9. Éviter les Situations de Confrontation ou de Conflit

Éviter systématiquement les conflits ou les confrontations peut sembler être une manière de maintenir la paix, mais cela peut aussi indiquer un manque de maturité émotionnelle ou une incapacité à résoudre les problèmes de manière constructive. Les relations doivent permettre des discussions ouvertes et honnêtes sur les désaccords et les problèmes. Si quelqu'un refuse de faire face aux conflits ou évite les discussions difficiles, cela peut poser des problèmes à long terme.

## 10. Absence d'Intérêt pour Votre Vie Personnelle et Professionnelle

Un partenaire potentiel devrait montrer un intérêt sincère pour votre vie personnelle et professionnelle. Si vous remarquez qu'une personne est désintéressée ou ne se soucie pas de vos accomplissements, de vos passions ou de votre bien-être général, cela peut être un signe de désengagement émotionnel. Une relation réussie implique un soutien mutuel et un engagement à partager et à célébrer les succès de chacun.

---

Les red flags dans les relations ne doivent pas être pris à la légère, surtout lorsque vous avez 30 ans ou plus et que vous avez une meilleure compréhension de ce que vous attendez d'une relation. En étant conscient de ces signes d'alerte, vous pouvez protéger votre bien-être émotionnel et éviter des relations qui ne répondent pas à vos besoins ou qui pourraient causer plus de douleur que de bonheur. Gardez à l'esprit que chaque relation devrait apporter du soutien, de la compréhension et du respect mutuel. En restant vigilant et en faisant preuve de discernement, vous augmentez vos chances de trouver une relation épanouissante et durable.

# Comment Rester Confiante Lors des Premiers Rendez-vous

## Introduction : Le Voyage de Sophie vers la Confiance

Sophie, 34 ans, se trouvait à un carrefour de sa vie. Après une longue période de célibat, elle avait décidé qu'il était temps de réintroduire l'amour dans son quotidien. Elle avait traversé des épreuves, et chaque expérience l'avait rendue plus forte et plus sage. Pourtant, malgré ses succès professionnels et sa vie épanouie, les premiers rendez-vous la mettaient toujours dans un état de nervosité palpable. Comment pouvait-elle transformer ce stress en confiance et aborder ces moments avec sérénité ? Voici le voyage de Sophie, un parcours semé de découvertes et de stratégies pour rester confiante lors des premiers rendez-vous.

## Le Premier Pas : Accepter la Nervosité comme une Compagne

Lors de son premier rendez-vous après une longue pause, Sophie se souvenait parfaitement de la boule d'angoisse dans son estomac. "C'était presque comme si chaque rendez-vous était un examen final", confie-t-elle avec un sourire nostalgique. Sophie a appris à accepter cette nervosité comme une compagne inévitable, mais pas menaçante. Elle a compris que cette anxiété était normale et pouvait même être un signe de son engagement à vouloir que les choses se passent bien. Plutôt que de la laisser la paralyser, elle a appris à l'embrasser comme une partie du processus.

## La Magie de la Préparation : Créer un Cadre de Confiance

Pour Sophie, la préparation est devenue une arme secrète contre le trac. Avant chaque rendez-vous, elle prenait le temps de se préparer minutieusement. "Je choisis des vêtements qui me mettent en valeur, mais surtout dans lesquels je me sens à l'aise", dit-elle. Elle prenait aussi quelques moments pour se concentrer sur ses qualités et ses réussites, se rappelant que ses expériences et ses valeurs avaient leur propre valeur. Cette préparation lui donnait un sentiment de contrôle et lui permettait de se sentir prête à faire bonne impression tout en restant fidèle à elle-même.

## La Puissance de la Pratique : Jouer le Rôle avec Authenticité

Sophie a découvert que la confiance se construisait aussi par la pratique. Pour elle, il ne s'agissait pas de jouer un rôle, mais de jouer son propre rôle avec authenticité. Elle s'exerçait à se présenter de manière naturelle, sans prétention. "Je me concentre sur l'idée d'être moi-même", explique-t-elle. "Essayer de correspondre à une image idéalisée peut être épuisant et contre-productif. L'authenticité attire des personnes qui apprécient réellement qui vous êtes." En restant fidèle à elle-même, Sophie a trouvé que les conversations coulaient plus naturellement, et qu'elle était plus à l'aise.

## La Force du Positivisme : Réorienter les Pensées Négatives

Les pensées négatives peuvent souvent envahir l'esprit avant un rendez-vous. Sophie a appris à les contrer avec des affirmations positives. "Avant chaque rendez-vous, je me répète des phrases comme 'Je suis capable de faire bonne impression' ou 'Je mérite de rencontrer quelqu'un qui m'apprécie pour ce que je suis'", raconte-t-elle. Ce changement de perspective l'a aidée à aborder ses rendez-vous avec une attitude plus optimiste et ouverte, réduisant ainsi le stress et augmentant sa confiance.

## L'Art de la Conversation : Se Focaliser sur l'Autre

Une autre astuce que Sophie a trouvée efficace est de se concentrer sur l'autre personne plutôt que de se focaliser uniquement sur elle-même. "Lorsque je pose des questions et que je montre un réel intérêt pour la vie et les passions de mon interlocuteur, cela détourne mon attention de mon propre stress", explique-t-elle. Cette approche crée un dialogue plus équilibré et permet à Sophie de se détendre en se concentrant sur la connexion humaine plutôt que sur la performance.

## La Préparation Mentale : Se Visualiser en Succès

Sophie a également adopté une technique de visualisation pour se préparer mentalement aux rendez-vous. Avant chaque rencontre, elle prenait quelques minutes pour s'imaginer dans des scénarios positifs, où la conversation se déroulait bien et où elle se sentait confiante et appréciée. "Visualiser des interactions réussies m'a aidée à aborder les rendez-vous avec une attitude plus détendue et positive", dit-elle. Cette technique l'a aidée à créer une image mentale de succès qui est devenue une réalité plus souvent qu'elle ne l'avait espéré.

## Le Pouvoir du Self-Care : Prendre Soin de Soi pour Rayonner

Enfin, Sophie a découvert que prendre soin de soi avant un rendez-vous était crucial pour maintenir sa confiance. Elle s'accordait du temps pour des activités qui la relaxaient et la revitalisaient, comme faire du yoga, lire un bon livre ou se promener dans la nature. "Lorsque je me sens bien dans ma peau et que j'ai pris du temps pour moi, je me présente sous un meilleur jour", explique-t-elle. Le self-care n'est pas seulement une question de bien-être physique, mais aussi de se sentir émotionnellement équilibrée et prête à affronter les défis.

## Conclusion : Le Voyage Vers la Confiance Personnelle

Le chemin de Sophie vers la confiance lors des premiers rendez-vous a été parsemé de découvertes personnelles et de stratégies efficaces. Elle a appris à accepter la nervosité, à se préparer soigneusement, à rester authentique, et à transformer les pensées négatives en affirmations positives. En se concentrant sur l'autre, en se visualisant en succès, et en pratiquant le self-care, elle a pu aborder chaque rendez-vous avec une nouvelle perspective.

Pour toutes les femmes qui cherchent à aborder les premiers rendez-vous avec plus de confiance, l'histoire de Sophie démontre qu'avec un peu de préparation et une attitude positive, il est possible de transformer l'anxiété en assurance et de faire de chaque rencontre une opportunité enrichissante. Rappelez-vous, la confiance se construit jour après jour, rendez-vous après rendez-vous, et chaque pas dans ce voyage est une victoire en soi.

## Témoignage : Trouver l'Amour Après un Divorce

---

## Introduction : Le Voyage de Claire vers un Nouveau Départ

Claire, 42 ans, se tenait à un tournant de sa vie. Après un divorce difficile et une période de réflexion, elle se trouvait face à un nouveau chapitre. Le divorce, bien que libérateur, avait laissé des cicatrices profondes et une question persistante : serait-elle capable de trouver l'amour à nouveau ? Claire partage son parcours, ses défis et les leçons apprises, offrant un témoignage poignant sur la recherche de l'amour après une rupture majeure.

## Un Nouveau Départ : Faire Face aux Démonstrations Intérieures

Après son divorce, Claire se retrouva face à une montagne de sentiments contradictoires. "Il y avait de la douleur, du doute, mais aussi un profond désir de réécrire mon histoire", se souvient-elle. L'idée de retrouver l'amour semblait à la fois excitante et effrayante. Claire comprit qu'elle devait d'abord faire face à ses propres démons intérieurs. Elle a commencé par la thérapie pour traiter les blessures émotionnelles laissées par son mariage précédent. Cette introspection l'a aidée à guérir et à comprendre ce qu'elle recherchait vraiment dans une nouvelle relation.

## L'Art de la Réinvention : Redécouvrir Soi-Même

Le processus de réinvention fut essentiel pour Claire. Elle réalisa qu'elle devait se reconnecter avec elle-même avant de pouvoir ouvrir son cœur à quelqu'un d'autre. Claire se lança dans de nouvelles activités, redécouvrit ses passions et investit du temps dans ses loisirs oubliés. "Redécouvrir ce que j'aimais vraiment m'a aidée à retrouver ma confiance et à me sentir plus entière", dit-elle. En faisant cela, elle créa un espace pour une nouvelle vision de sa vie amoureuse, une vision fondée sur ses propres besoins et désirs.

## L'Importance de la Patience : Aller à Son Rythme

Claire apprit que la patience était une vertu cruciale dans le processus de rencontre après un divorce. Elle se rappela souvent : "Il n'y a pas de calendrier fixe pour trouver l'amour. Chaque étape doit se faire à son propre rythme." Elle évita de se précipiter dans des relations pour combler un vide, préférant prendre le temps de vraiment connaître ses partenaires potentiels et de comprendre ses propres sentiments. Cette approche lui permit de bâtir des relations plus solides et authentiques, sans se laisser influencer par la pression sociale ou les attentes externes.

## Réévaluation des Critères : Adapter Ses Attentes

Avec le temps, Claire réalisa qu'elle devait réévaluer ses critères de sélection pour un partenaire. "Après le divorce, je me suis rendu compte que certains critères que j'avais autrefois n'étaient plus aussi importants. J'ai appris à valoriser des qualités telles que la compatibilité émotionnelle et la maturité plutôt que de me concentrer uniquement sur des caractéristiques superficielles", explique-t-elle. Cette réévaluation lui permettait de se concentrer sur ce qui était réellement essentiel pour une relation réussie, en alignant ses attentes avec sa nouvelle vision de la vie.

## L'Exercice de la Confiance : Ouvrir Son Cœur

Une fois prête à rencontrer de nouvelles personnes, Claire savait qu'elle devait ouvrir son cœur, malgré les peurs et les insécurités persistantes. "C'était effrayant, mais j'ai compris que pour trouver l'amour, je devais être vulnérable et prête à accepter les risques", confie-t-elle. En faisant le choix d'être ouverte et honnête, Claire a attiré des partenaires qui valorisaient la sincérité et l'authenticité. Cette approche lui permit de construire des relations basées sur la confiance et la compréhension mutuelle.

## La Force du Réseau : L'Importance du Soutien Social

Le soutien social joua un rôle clé dans le parcours de Claire. Entourée d'amis et de membres de la famille qui l'encourageaient et l'aidaient à traverser les hauts et les bas, Claire trouva une source de réconfort et de motivation. "Parler à mes proches et partager mes expériences m'a beaucoup aidée. Ils ont souvent apporté des perspectives et des encouragements précieux", dit-elle. Ce réseau de soutien lui offrit non seulement des conseils pratiques mais aussi un espace pour exprimer ses émotions et ses préoccupations.

## L'Acceptation de la Nouvelle Réalité : Construire sur le Passé

Claire apprit à accepter son passé sans le laisser définir son avenir. "Je n'ai jamais essayé de tout effacer ou de prétendre que le divorce n'avait pas eu d'impact sur moi. J'ai appris à intégrer ces expériences dans ma vie, à les utiliser comme des leçons plutôt que comme des obstacles", explique-t-elle. Cette acceptation lui permit de construire une nouvelle vie amoureuse en tirant des enseignements précieux de ses expériences passées, tout en se projetant vers un avenir rempli de possibilités.

## Le Pouvoir de la Résilience : Trouver l'Amour en Continuant d'Avancer

Claire souligne la résilience comme une clé importante dans sa quête de l'amour. "Il y a eu des moments de doute et de déception, mais chaque expérience m'a rendue plus forte et plus déterminée", dit-elle. En continuant à avancer malgré les difficultés, Claire a non seulement trouvé l'amour mais a également redéfini ce qu'il signifiait pour elle. Sa résilience lui a permis de rencontrer un partenaire qui partageait ses valeurs et ses aspirations, apportant une nouvelle profondeur et une nouvelle joie à sa vie.

## Conclusion : Une Nouvelle Histoire d'Amour

Le témoignage de Claire est une source d'inspiration pour toutes celles qui se trouvent au début d'une nouvelle aventure amoureuse après un divorce. Son parcours démontre que la guérison, la réinvention, et la patience sont des éléments essentiels pour retrouver l'amour. En apprenant à accepter son passé, à se réinventer et à ouvrir son cœur, Claire a trouvé non seulement l'amour mais aussi une nouvelle perspective sur la vie. Son histoire rappelle que, même après des épreuves, l'amour a la capacité de renaître et de transformer la vie de manière inattendue et magnifique.

# Le Mythe du "Biological Clock" : Vérité ou Fiction ?

Le concept du "biological clock" (horloge biologique) est souvent évoqué dans les discussions sur la fertilité et le vieillissement, notamment pour les femmes. Cette idée, fortement ancrée dans la culture populaire, suggère que les femmes ont une période limitée pour concevoir des enfants avant que leur fertilité ne diminue de manière significative. Mais qu'en est-il réellement de ce mythe ? Est-ce une vérité scientifique ou une fiction alimentée par des préjugés sociétaux ? Explorons cette notion en profondeur pour démêler les faits de la fiction.

## Le Concept du "Biological Clock" : Une Introduction

Le terme "biological clock" est fréquemment utilisé pour désigner le déclin naturel de la fertilité féminine avec l'âge. L'idée sous-jacente est que les femmes sont biologiquement programmées pour avoir des enfants avant un certain âge, et que passer ce cap entraînera une diminution rapide et irréversible de la capacité à concevoir. Cette notion est souvent associée à la pression sociale exercée sur les femmes pour qu'elles se marient et aient des enfants avant que leur horloge biologique n'expire.

## La Réalité de la Fertilité Féminine : Ce Que Dit la Science

En réalité, la fertilité féminine est influencée par plusieurs facteurs biologiques qui varient d'une femme à l'autre. Voici quelques points clés :

1. **La Réserve Ovarienne :**

   o Les femmes naissent avec un nombre fixe d'ovules, qui diminue progressivement au fil du temps. En moyenne, une femme a environ 1 à 2 millions d'ovules à la naissance, mais ce nombre diminue à environ 400 000 à 500 000 à la puberté. À l'âge de 30 ans, il en reste environ 100 000, et ce nombre continue de diminuer jusqu'à la ménopause.

2. **Qualité des Ovules :**

   o Non seulement le nombre d'ovules diminue avec l'âge, mais leur qualité se dégrade également. Les ovules plus âgés présentent un risque accru de anomalies chromosomiques, ce qui peut influencer la fertilité et les chances de grossesse réussie.

3. **Changements hormonaux :**

   o Avec l'âge, les niveaux hormonaux changent, ce qui peut affecter le cycle menstruel et la fertilité. Les déséquilibres hormonaux peuvent rendre l'ovulation moins régulière, ce qui complique la conception.

## Les Mythes et Réalités : Distinguer les Faits des Fiction

Le mythe du "biological clock" repose en partie sur des généralisations et des simplifications. Voici quelques clarifications :

1. **Pression Sociale :**

   o Le sentiment de pression lié au "biological clock" est souvent exacerbé par des attentes sociétales et culturelles. Les femmes peuvent ressentir une pression pour se conformer à des normes de fertilité qui ne reflètent pas nécessairement la réalité biologique ou personnelle.

2. **Technologies de Reproduction :**

   o Les avancées en matière de technologie de reproduction, comme la congélation des ovules et les traitements de fertilité, offrent aux femmes plus de flexibilité pour concevoir plus tard dans la vie. Ces technologies peuvent aider à surmonter certains des défis liés au vieillissement.

3. **Variabilité Individuelle :**

   o La fertilité est hautement individuelle. Certaines femmes peuvent concevoir sans difficulté à un âge plus avancé, tandis que d'autres peuvent rencontrer des problèmes plus tôt. Les facteurs de santé généraux, le mode de vie et les antécédents médicaux jouent également un rôle important.

### La Réalité du Vieillissement et de la Fertilité

Il est important de reconnaître que la fertilité diminue avec l'âge, mais que le timing de cette diminution peut varier considérablement. Plutôt que de percevoir le "biological clock" comme une échéance fixe et inévitable, il est plus utile de le considérer comme un facteur parmi d'autres dans la planification familiale.

1. **Consultation Médicale :**

   o Pour les femmes qui envisagent de concevoir plus tard dans la vie, il est conseillé de consulter un professionnel de santé pour évaluer leur réserve ovarienne et leur fertilité. Des tests comme l'échographie ovarienne ou les dosages hormonaux peuvent fournir des informations précieuses sur la santé reproductive.

2. **Planification Préalable :**

   o La planification familiale précoce peut inclure des décisions telles que la congélation des ovules ou la recherche de traitements de fertilité, si nécessaire. Ces options permettent aux femmes de prendre des mesures proactives pour préserver leur fertilité.

## Conclusion : Une Vision Nuancée

Le mythe du "biological clock" simplifie excessivement la réalité complexe de la fertilité féminine. Alors que la fertilité diminue avec l'âge, la notion d'une expiration inévitable à un moment fixe ne reflète pas la diversité des expériences individuelles. En comprenant les aspects biologiques, en tenant compte des avancées médicales et en écoutant les besoins personnels, les femmes peuvent naviguer plus sereinement dans les questions de fertilité et de planification familiale.

Ce qui est essentiel, c'est de se libérer des pressions sociales et de prendre des décisions éclairées basées sur des informations scientifiques et sur ce qui est le mieux pour soi. En fin de compte, la connaissance et la préparation peuvent transformer le mythe du "biological clock" en un guide utile plutôt qu'en une source de stress ou d'anxiété.

---

## Introduction : Le Premier Rendez-vous, un Moment Crucial

Le premier rendez-vous est un moment clé, où la première impression compte énormément. La tenue que vous choisissez peut jouer un rôle crucial dans la manière dont vous vous sentez et dont vous êtes perçue. Que vous optiez pour un look élégant, décontracté ou audacieux, l'essentiel est que vous vous sentiez à l'aise et confiante. Voici un lookbook inspirant avec des tenues idéales pour différents types de premiers rendez-vous, vous aidant à briller et à faire une impression mémorable.

---

## 1. Look Classique et Élégant : Le Dîner Chic

### Tenue : Robe Midi Élégante avec Talons

- **Description :** Optez pour une robe midi en tissu fluide et élégant, avec des détails subtils comme des boutons ou une ceinture à la taille. Associez-la à des talons hauts qui allongent la silhouette et ajoutent une touche sophistiquée.

- **Accessoires :** Des boucles d'oreilles en argent ou en or, une petite pochette et des accessoires minimalistes.

- **Conseil :** Choisissez des couleurs neutres comme le noir, le bleu marine ou le bordeaux pour un look intemporel. Assurez-vous que la robe est confortable et flatte votre silhouette.

---

**2. Look Décontracté et Confortable : Le Café ou Brunch**

**Tenue : Jean Skinny avec Chemise en Lin et Baskets**

- **Description :** Un jean skinny associé à une chemise en lin ou en coton créera un look décontracté mais soigné. Complétez avec des baskets blanches pour une touche moderne et confortable.

- **Accessoires :** Un sac à main en cuir, des lunettes de soleil et une montre élégante.

- **Conseil :** Optez pour des couleurs claires et des tissus respirants pour un look frais et naturel. Assurez-vous que le jean est bien ajusté mais pas trop serré.

---

**3. Look Audacieux et Créatif : L'Exposition ou la Sortie Culturelle**

**Tenue : Jupe Plissée avec Haut en Dentelle et Bottines**

- **Description :** Une jupe plissée associée à un haut en dentelle ou en tissu texturé offre un look à la fois chic et original. Ajoutez des bottines à talons pour une touche moderne et élégante.

- **Accessoires :** Des bracelets empilés, un collier délicat et un sac à main structuré.

- **Conseil :** Jouez avec les textures et les imprimés pour créer un look unique. Les couleurs comme le vert émeraude, le bleu cobalt ou le rouge peuvent ajouter une touche de dynamisme.

## 4. Look Sophistiqué et Professionnel : Le Rendez-vous Professionnel ou au Restaurant Haut de Gamme

### Tenue : Pantalon Tailleur avec Blazer Ajusté et Mocassins

- **Description :** Un pantalon tailleur avec un blazer ajusté offre un look professionnel mais stylé. Les mocassins en cuir ou en suède complètent parfaitement cet ensemble.

- **Accessoires :** Une montre élégante, des boucles d'oreilles en perles et un sac à main en cuir.

- **Conseil :** Optez pour des couleurs classiques comme le gris, le noir ou le bleu marine pour un look sophistiqué et intemporel. Assurez-vous que le blazer est bien ajusté à vos épaules.

## 5. Look Relax et Naturel : La Promenade ou l'Activité en Plein Air

### Tenue : Leggings avec Pull Oversize et Sneakers

- **Description :** Les leggings associés à un pull oversize offrent un look confortable et décontracté, idéal pour une activité en plein air. Complétez avec des sneakers pour un confort optimal.

- **Accessoires :** Une casquette ou un chapeau, un sac à dos léger et des lunettes de soleil.

- **Conseil :** Choisissez des couleurs neutres et des tissus respirants. Assurez-vous que le pull est assez long pour couvrir les hanches, offrant un look élégant même dans un contexte décontracté.

---

## 6. Look Féminin et Romantique : Le Restaurant ou le Rendez-vous au Parc

### Tenue : Robe Flottante avec Sandales à Talons

- **Description :** Une robe flottante en tissu léger, avec des détails comme des volants ou des imprimés floraux, associée à des sandales à talons, crée un look romantique et féminin.

- **Accessoires :** Des boucles d'oreilles pendantes, une petite pochette et des accessoires en or rose.

- **Conseil :** Optez pour des couleurs pastel ou des imprimés doux pour renforcer l'effet romantique. Assurez-vous que la robe est confortable et facile à porter.

---

## 7. Look Chic et Moderne : Le Bar ou la Soirée

### Tenue : Jupe Crayon avec Top en Satin et Escarpins

- **Description :** Une jupe crayon associée à un top en satin ou en soie offre un look chic et moderne. Les escarpins apportent une touche sophistiquée et élégante.

- **Accessoires :** Un bracelet statement, des boucles d'oreilles pendantes et une pochette élégante.

- **Conseil** : Les couleurs métalliques ou les tons riches comme le bordeaux ou le vert bouteille ajoutent du glamour. Assurez-vous que le top est bien ajusté pour éviter les plis.

---

## 8. Look Casual et Trendy : La Sortie au Marché ou la Rencontre entre Amis

### Tenue : Robe T-Shirt avec Veste en Jean et Baskets

- **Description** : Une robe t-shirt simple mais stylée, associée à une veste en jean, crée un look casual et trendy. Les baskets complètent l'ensemble avec une touche décontractée.

- **Accessoires** : Un sac à bandoulière, des lunettes de soleil et des bijoux discrets.

- **Conseil** : Choisissez des couleurs vives ou des imprimés amusants pour ajouter une touche de personnalité. Assurez-vous que la robe est confortable pour vous permettre de vous mouvoir librement.

---

## 9. Look Élégant et Minimaliste : La Rencontre au Café ou la Visite dans un Musée

### Tenue : Pantalon Chino avec Chemise en Soie et Mocassins

- **Description** : Un pantalon chino associé à une chemise en soie crée un look élégant et minimaliste, parfait pour une rencontre dans un cadre chic mais décontracté. Les mocassins ajoutent une touche sophistiquée.

- **Accessoires :** Un sac en cuir épuré, une montre élégante et des boucles d'oreilles discrètes.

- **Conseil :** Optez pour des couleurs neutres comme le blanc, le beige ou le gris pour un look raffiné. Assurez-vous que la chemise est bien repassée et que le pantalon est bien ajusté.

---

**10. Look Relax et Moderne : La Séance de Yoga ou l'Atelier Créatif**

**Tenue : Leggings avec Top en Coton et Chaussures de Sport**

- **Description :** Les leggings associés à un top en coton et des chaussures de sport sont idéaux pour un rendez-vous actif ou créatif. Ce look allie confort et style sans effort.

- **Accessoires :** Un sac de sport ou un tote bag, une casquette et des bracelets en silicone.

- **Conseil :** Choisissez des tissus qui respirent et des couleurs qui vous mettent en valeur. Assurez-vous que les vêtements sont adaptés à l'activité prévue et qu'ils offrent une liberté de mouvement optimale.

---

**Conclusion : Choisir la Tenue Idéale pour un Premier Rendez-vous**

Le choix de la tenue pour un premier rendez-vous est crucial, car il peut influencer votre confiance et l'impression que vous laissez. Chaque look décrit ici est conçu pour vous aider à vous sentir à l'aise tout en faisant une bonne impression, quel que soit le type de rendez-vous. L'essentiel est de choisir une tenue qui reflète votre personnalité et dans laquelle vous vous sentez bien. Rappelez-vous que la confiance en soi est le meilleur accessoire que vous puissiez porter. En fin de compte, c'est votre authenticité et votre charme qui brilleront le plus.

# Les Erreurs Courantes dans les Profils de Rencontres en Ligne

## Introduction : La Clé d'un Profil Réussi

Créer un profil de rencontre en ligne peut sembler simple, mais c'est souvent un terrain semé d'embûches. Un profil efficace doit refléter authentiquement qui vous êtes tout en captant l'attention des autres utilisateurs. Cependant, de nombreuses personnes commettent des erreurs courantes qui peuvent nuire à leurs chances de succès. Voici un aperçu des erreurs les plus fréquentes dans les profils de rencontres en ligne et comment les éviter pour maximiser vos chances de trouver une connexion authentique.

## 1. Photos de Mauvaise Qualité

**Erreur :** Utiliser des photos floues, mal éclairées ou peu récentes.

**Impact :** Des photos de mauvaise qualité peuvent donner une mauvaise première impression. Elles peuvent aussi rendre difficile pour les autres de voir à quoi vous ressemblez vraiment, ce qui peut dissuader les personnes intéressées de vous contacter.

**Solution :** Utilisez des photos claires et récentes qui montrent votre visage et vos intérêts. Choisissez des images bien éclairées et de haute résolution. Incluez des photos variées : un portrait, une photo en pleine longueur, et éventuellement des photos où vous faites des activités que vous aimez.

## 2. Descriptions Génériques ou Vagues

**Erreur :** Rédiger une description de profil très générique ou trop vague.

**Impact :** Une description sans détails ou clichés peut donner l'impression que vous manquez de personnalité ou que vous n'êtes pas vraiment intéressé par le processus de rencontre en ligne.

**Solution :** Soyez spécifique et personnel dans votre description. Mentionnez vos passions, vos loisirs, et ce que vous recherchez chez un partenaire. Montrez un aperçu de votre personnalité et de ce qui vous rend unique.

---

## 3. Exagération ou Inexactitudes

**Erreur :** Présenter des informations exagérées ou inexactes sur vous-même.

**Impact :** Mentir ou embellir les faits peut entraîner des déceptions lors des rencontres en personne lorsque la réalité ne correspond pas à ce qui a été présenté dans le profil.

**Solution :** Soyez honnête et authentique dans votre profil. Mettez en avant vos qualités et vos réalisations sans exagération. La sincérité attire les personnes qui vous apprécient vraiment pour ce que vous êtes.

---

## 4. Absence de Texte ou d'Information Personnelle

**Erreur :** Avoir un profil avec peu ou pas de texte descriptif.

**Impact :** Un profil sans texte ne donne aucune indication sur qui vous êtes, ce qui peut rendre difficile pour les autres de savoir s'ils ont des intérêts communs avec vous.

**Solution :** Complétez votre profil avec des informations sur vos intérêts, vos valeurs et ce que vous recherchez dans une relation. Un texte bien rédigé aide à engager des conversations et à attirer des personnes qui partagent vos valeurs et vos passions.

---

## 5. Focus Excessif sur l'Apparence

**Erreur :** Mettre trop l'accent sur l'apparence physique dans les photos et la description.

**Impact :** Un profil qui se concentre uniquement sur l'apparence peut donner l'impression que vous cherchez seulement un partenaire pour des raisons superficielles.

**Solution :** Équilibrez les photos et les descriptions en mettant en avant non seulement votre apparence, mais aussi vos traits de personnalité, vos passions et ce qui vous rend intéressant. Les personnes recherchent une connexion authentique, pas seulement une belle image.

---

## 6. Manque de Vrais Objectifs ou d'Intentions

**Erreur :** Ne pas préciser ce que vous recherchez dans une relation.

**Impact :** L'absence d'objectifs ou d'intentions clairs peut entraîner des malentendus et des déceptions sur la nature des relations que vous souhaitez établir.

**Solution :** Soyez clair sur vos intentions et ce que vous recherchez dans une relation. Que vous cherchiez une relation sérieuse ou quelque chose de plus léger, mentionnez-le pour attirer des personnes qui partagent les mêmes objectifs.

---

### 7. Langage Négatif ou Pessimiste

**Erreur :** Utiliser un langage négatif ou se concentrer sur les aspects négatifs dans la description du profil.

**Impact :** Un profil avec un ton négatif peut repousser les personnes et créer une mauvaise impression. Il est difficile d'attirer des personnes positives lorsque votre profil exprime des sentiments négatifs.

**Solution :** Adoptez un ton positif et optimiste dans votre profil. Mettez en avant vos qualités et ce que vous aimez dans la vie. Une attitude positive est plus engageante et attire des personnes qui partagent une vision similaire.

---

### 8. Absence de Mise à Jour Régulière

**Erreur :** Ne pas mettre à jour le profil avec de nouvelles photos ou informations.

**Impact :** Un profil obsolète peut donner l'impression que vous n'êtes pas vraiment actif sur la plateforme ou que vous n'êtes pas sérieux dans votre recherche.

**Solution :** Mettez régulièrement à jour votre profil avec de nouvelles photos et informations. Cela montre que vous êtes actif et engagé dans le processus de rencontre en ligne.

## 9. Incohérences entre Photos et Description

**Erreur :** Les photos ne correspondent pas à la description ou à l'image que vous projetez dans votre texte.

**Impact :** Les incohérences peuvent créer un sentiment de méfiance et de confusion chez les autres utilisateurs, qui pourraient se sentir trompés.

**Solution :** Assurez-vous que vos photos et votre description sont cohérentes. Vos photos doivent refléter fidèlement ce que vous décrivez dans votre texte, offrant une image claire et honnête de qui vous êtes.

## 10. Ignorer les Détails Importants

**Erreur :** Négliger de remplir les sections importantes du profil ou de ne pas répondre aux questions posées.

**Impact :** L'absence de détails importants peut rendre votre profil incomplet et moins attrayant, ce qui peut diminuer vos chances de trouver une connexion significative.

**Solution :** Complétez toutes les sections de votre profil et répondez aux questions de manière réfléchie. Plus votre profil est détaillé, plus il est facile pour les autres de vous connaître et d'engager une conversation.

## Conclusion : Créer un Profil Réussi

Un profil de rencontre en ligne réussi repose sur l'authenticité, la clarté et l'engagement. Évitez les erreurs courantes en mettant l'accent sur des photos de qualité, une description honnête et des objectifs clairs. Un profil bien conçu non seulement attire l'attention mais aussi facilite des connexions plus profondes et significatives. En suivant ces conseils, vous serez mieux préparé pour naviguer dans le monde des rencontres en ligne avec confiance et succès.

# Comment Gérer les Attentes Familiales à Propos des Rencontres Après 30 Ans

## Introduction : Le Poids des Attentes Familiales

Les attentes familiales concernant les rencontres et le mariage peuvent être particulièrement lourdes, surtout lorsque l'on dépasse les 30 ans. Les pressions venant de la famille peuvent être multiples et variées : des questions sur le mariage, des suggestions de partenaires, des commentaires bien intentionnés mais envahissants. Naviguer dans ces attentes tout en restant fidèle à ses propres désirs peut être un véritable défi. Voici comment gérer ces attentes de manière saine et équilibrée.

## 1. Comprendre les Attentes Familiales

**Analyse des Attentes :** Les attentes familiales peuvent découler de valeurs culturelles, religieuses ou personnelles profondément enracinées. Elles peuvent également être le résultat de préoccupations légitimes pour votre bonheur et votre bien-être. Avant de répondre ou de réagir, il est utile de comprendre d'où viennent ces attentes et ce qu'elles signifient réellement pour votre famille.

**Conversation Ouverte :** Engagez des conversations honnêtes avec les membres de votre famille pour clarifier leurs attentes. Parler ouvertement de ce que vous ressentez et de vos propres objectifs peut aider à établir une compréhension mutuelle.

## 2. Définir Vos Propres Objectifs

**Clarté Personnelle :** Avant de pouvoir gérer les attentes des autres, il est crucial d'avoir une vision claire de vos propres objectifs et de vos priorités en matière de relations. Définissez ce que vous recherchez vraiment dans une relation et ce qui est important pour vous à ce stade de votre vie.

**Évaluation des Priorités :** Réfléchissez à vos priorités en termes de carrière, de développement personnel et de vie familiale. Assurez-vous que vos décisions en matière de rencontres s'alignent avec vos valeurs et objectifs personnels, indépendamment des attentes familiales.

## 3. Établir des Limites Saines

**Fixer des Limites :** Il est important de définir des limites claires avec votre famille pour éviter que les attentes ne deviennent trop envahissantes. Cela peut inclure la façon dont vous souhaitez discuter de votre vie amoureuse ou la fréquence des questions sur votre statut relationnel.

**Communication Respectueuse :** Exprimez vos limites de manière respectueuse et assertive. Par exemple, vous pourriez dire : "Je comprends que vous vous souciez de moi et de mon bonheur, mais j'aimerais que nous parlions d'autres sujets pour l'instant."

## 4. Éduquer et Informer

**Partager Vos Valeurs :** Parfois, les attentes familiales viennent d'un manque de compréhension de votre point de vue. Prenez le temps d'expliquer vos choix et vos valeurs. Cela peut inclure des discussions sur la manière dont les rencontres modernes fonctionnent ou sur vos raisons personnelles pour ne pas suivre un chemin traditionnel.

**Aborder les Malentendus :** Si vos proches ont des idées préconçues ou des malentendus sur vos décisions, utilisez ces occasions pour les éduquer. Par exemple, expliquez les avantages et les défis des rencontres en ligne ou des relations non traditionnelles.

---

### 5. Gérer le Stress et les Émotions

**Prendre Soin de Soi :** Gérer les attentes familiales peut être émotionnellement éprouvant. Assurez-vous de prendre soin de vous-même en pratiquant des activités qui vous détendent et vous ressourcent, comme le sport, la méditation ou les loisirs créatifs.

**Soutien Emotionnel :** Entourez-vous de personnes qui vous soutiennent et vous comprennent. Parler avec des amis proches ou des conseillers peut vous aider à traiter vos émotions et à obtenir des perspectives extérieures.

---

### 6. Trouver un Équilibre

**Combiner Besoins Personnels et Attentes Familiales :** Essayez de trouver un équilibre entre respecter les attentes familiales et suivre vos propres désirs. Par exemple, vous pourriez partager des aspects positifs de votre vie amoureuse avec votre famille sans nécessairement entrer dans les détails personnels.

**Éviter les Compromis Injustes :** Ne vous sentez pas obligé de faire des compromis qui vont à l'encontre de vos valeurs ou de vos objectifs personnels simplement pour satisfaire les attentes familiales. Il est important de rester fidèle à vous-même tout en respectant les sentiments des autres.

---

### 7. Célébrer les Progrès et Succès Personnels

**Reconnaître vos Réalisations :** Prenez le temps de célébrer vos propres succès et progrès dans vos relations, même s'ils ne correspondent pas aux attentes familiales. La reconnaissance de vos propres accomplissements peut renforcer votre confiance et vous aider à rester motivé.

**Partager vos Bonnes Nouvelles :** Lorsque vous avez des nouvelles positives à partager, faites-le à votre famille. Cela peut inclure des aspects de votre vie amoureuse ou de vos réalisations personnelles qui montrent que vous êtes sur la bonne voie, même si cela ne correspond pas aux attentes traditionnelles.

---

### 8. Encourager la Flexibilité Familiale

**Promouvoir l'Ouverture d'Esprit :** Encouragez votre famille à être ouverte et flexible quant à leurs attentes. Parlez-leur des différentes façons dont les relations peuvent évoluer et des nombreuses voies vers le bonheur.

**Trouver des Compromis :** Si possible, cherchez des compromis qui respectent à la fois vos désirs personnels et les attentes familiales. Par exemple, vous pourriez convenir de partager des mises à jour sur votre vie amoureuse à des moments appropriés.

### 9. Être Patient et Persévérant

**Gérer les Réactions :** Soyez prêt à faire face à des réactions variées de la part de votre famille. Certaines personnes peuvent avoir du mal à accepter vos choix immédiatement, et il peut falloir du temps pour qu'ils s'adaptent.

**Persévérer dans vos Objectifs :** Restez déterminé à poursuivre vos objectifs personnels, même si cela nécessite de la patience pour que votre famille comprenne et accepte votre point de vue.

### Conclusion : Trouver Votre Voie Personnelle

Gérer les attentes familiales concernant les rencontres après 30 ans nécessite un équilibre délicat entre rester fidèle à vous-même et respecter les sentiments de vos proches. En comprenant les attentes, en établissant des limites claires, en éduquant votre famille et en prenant soin de vous, vous pouvez naviguer dans ces défis de manière sereine. L'important est de rester fidèle à vos valeurs et à vos objectifs tout en trouvant des moyens de maintenir des relations positives et respectueuses avec vos proches. Avec le temps, la compréhension mutuelle peut évoluer, vous permettant de suivre votre propre chemin tout en préservant des liens familiaux significatifs.

# Q&R en Direct : Vos Questions sur les Rencontres Après 30 Ans

---

## 1. Comment savoir si un partenaire potentiel est sérieux ?

**Réponse :** Pour déterminer si un partenaire est sérieux, observez son engagement dans la relation. Cela inclut la fréquence des communications, la planification de rendez-vous, et la volonté de vous intégrer dans sa vie. Un partenaire sérieux discutera ouvertement de ses objectifs relationnels et sera transparent sur ses intentions. Posez des questions directes sur ses projets futurs et voyez si ses réponses sont alignées avec vos attentes.

---

## 2. Comment gérer les rencontres en ligne si je suis sceptique à leur sujet ?

**Réponse :** Commencez par des plateformes réputées avec des systèmes de vérification des profils. Fixez des limites claires pour les rencontres initiales, comme des rendez-vous dans des lieux publics. Soyez prudente avec les informations personnelles que vous partagez en ligne. Prenez le temps de connaître quelqu'un virtuellement avant de le rencontrer en personne, et utilisez les appels vidéo pour évaluer la compatibilité.

---

## 3. Quelles sont les meilleures façons de briser la glace lors d'un premier rendez-vous ?

**Réponse :** Préparez quelques sujets de conversation à l'avance, comme des intérêts communs ou des anecdotes légères. Posez des questions ouvertes pour encourager l'autre personne à parler d'elle-même. Utilisez l'humour de manière appropriée pour alléger l'atmosphère. Restez attentif et montrez un réel intérêt pour ce que l'autre personne partage.

---

**4. Comment aborder le sujet des enfants si ce n'est pas encore arrivé ?**

**Réponse :** Abordez le sujet avec sensibilité en exprimant vos propres désirs et attentes. Vous pourriez dire : "Je suis quelqu'un qui réfléchit beaucoup à l'avenir et aux aspects importants comme les enfants. Quelles sont tes pensées à ce sujet ?" Assurez-vous que la discussion se fait dans un contexte de respect mutuel et d'ouverture.

---

**5. Comment surmonter la peur du rejet dans le processus de rencontre ?**

**Réponse :** Acceptez que le rejet fait partie du processus de rencontre et qu'il n'est pas nécessairement lié à votre valeur personnelle. Renforcez votre confiance en vous en vous concentrant sur vos qualités et en mettant en avant vos réussites. Pratiquez des affirmations positives et entourez-vous de soutien de la part de vos amis et famille.

---

**6. Comment équilibrer les rencontres avec un emploi du temps chargé ?**

**Réponse :** Planifiez des rendez-vous à l'avance pour éviter les conflits avec votre emploi du temps. Utilisez des créneaux disponibles, comme les soirées ou les week-ends, pour organiser des activités. Communiquez ouvertement avec votre partenaire potentiel sur vos disponibilités et soyez flexible dans la planification.

---

## 7. Que faire si ma famille n'approuve pas mon partenaire ?

**Réponse** : Essayez de comprendre les raisons de leur désapprobation et discutez ouvertement des préoccupations. Si le partenaire est important pour vous, défendez vos choix tout en respectant les opinions de votre famille. Cherchez un compromis où vous pouvez maintenir des relations respectueuses avec votre famille tout en poursuivant votre relation.

---

## 8. Comment éviter les pièges des rencontres avec des personnes manipulatrices ?

**Réponse** : Soyez attentif aux signes de manipulation, comme les tentatives de contrôle ou les comportements excessivement charmants qui semblent insincères. Écoutez votre intuition et établissez des limites claires. Ne laissez pas quelqu'un vous faire sentir coupable pour des choses qui ne sont pas de votre responsabilité.

---

## 9. Comment gérer un partenaire qui veut une relation plus sérieuse alors que vous ne le souhaitez pas ?

**Réponse** : Discutez honnêtement de vos intentions et de vos limites. Exprimez vos sentiments avec respect, en expliquant pourquoi vous ne recherchez pas une relation sérieuse pour le moment. Soyez prêt à écouter ses besoins et à trouver un compromis si possible, ou à mettre fin à la relation si vos objectifs sont trop divergents.

---

### 10. Comment aborder le sujet des finances avec un partenaire potentiel ?

**Réponse :** Introduisez le sujet des finances dans un contexte de planification future, par exemple en discutant de projets de vie ensemble. Vous pouvez aborder la question en parlant des aspects pratiques de la vie en commun, comme la gestion des dépenses. Assurez-vous que la discussion se fait avec transparence et sans jugement.

---

### 11. Comment gérer les différences culturelles ou religieuses dans une relation ?

**Réponse :** Discutez ouvertement des différences culturelles ou religieuses et explorez comment elles peuvent affecter la relation. Recherchez des points communs et soyez ouvert à apprendre et à comprendre les traditions de l'autre. Assurez-vous que les deux partenaires sont prêts à faire des compromis pour respecter les croyances de chacun.

---

### 12. Que faire si je me sens pressé(e) par un partenaire qui veut avancer rapidement ?

**Réponse :** Communiquez clairement vos limites et vos besoins. Expliquez que vous préférez prendre le temps nécessaire pour développer la relation. Si le partenaire continue de mettre de la pression, il est important de réévaluer la compatibilité et de décider si la relation est viable à long terme.

### 13. Comment se remettre d'une rupture et recommencer à rencontrer des gens ?

**Réponse :** Prenez le temps de guérir et de vous reconstruire après la rupture. Réfléchissez à ce que vous avez appris de la relation passée et concentrez-vous sur vos propres intérêts et passions. Lorsque vous vous sentez prêt, commencez à rencontrer de nouvelles personnes en vous impliquant dans des activités sociales qui vous intéressent.

### 14. Comment faire face aux préjugés sociaux concernant les rencontres après 30 ans ?

**Réponse :** Concentrez-vous sur vos propres valeurs et objectifs plutôt que sur les attentes sociales. Entourez-vous de personnes qui vous soutiennent et valident vos choix. Soyez fier(e) de votre parcours et des décisions que vous prenez pour votre vie amoureuse, indépendamment des opinions extérieures.

### 15. Comment gérer les premières impressions lors des premiers rendez-vous ?

**Réponse :** Préparez-vous en réfléchissant à vos points forts et à ce que vous souhaitez partager. Restez authentique et détendu, et évitez de vous suradapter pour plaire. Soyez attentif aux signes de confort et d'inconfort, et ajustez votre approche en conséquence.

**16. Comment aborder les discussions sur les valeurs et les objectifs à long terme ?**

**Réponse :** Introduisez ces discussions de manière naturelle en parlant de vos propres objectifs et valeurs. Posez des questions ouvertes pour découvrir les aspirations et les valeurs de votre partenaire. Écoutez activement et assurez-vous que vos visions sont compatibles pour une relation harmonieuse à long terme.

**17. Comment gérer la pression de se conformer aux normes sociétales concernant le mariage et la famille ?**

**Réponse :** Développez une vision personnelle claire de ce que le mariage et la famille signifient pour vous. Ignorez les pressions extérieures et concentrez-vous sur ce qui est significatif pour vous. Communiquez vos choix avec assurance et cherchez des soutiens qui respectent vos décisions.

**18. Comment aborder le sujet des antécédents relationnels avec un nouveau partenaire ?**

**Réponse :** Abordez le sujet des antécédents relationnels avec honnêteté lorsque la relation devient plus sérieuse. Partagez des informations pertinentes de manière ouverte mais concise, en mettant l'accent sur les leçons apprises plutôt que sur les détails personnels. Encouragez également votre partenaire à partager ses propres expériences.

### 19. Comment gérer les différences d'âge dans une relation ?

**Réponse :** Concentrez-vous sur les points communs et les intérêts partagés plutôt que sur l'âge. Discutez des éventuelles préoccupations concernant les différences d'âge et explorez comment elles peuvent influencer la relation. Assurez-vous que vous êtes sur la même longueur d'onde en ce qui concerne les objectifs et les attentes.

### 20. Comment reconnaître et éviter les relations toxiques après 30 ans ?

**Réponse :** Soyez attentif aux signes de toxicité, comme le contrôle excessif, la manipulation émotionnelle ou les comportements de dépendance. Écoutez vos instincts et observez comment vous vous sentez après les interactions avec la personne. Mettez en place des limites claires et ne craignez pas de mettre fin à la relation si elle devient nuisible à votre bien-être.

### Conclusion : Trouver l'Équilibre dans les Rencontres

Répondre à ces questions courantes vous aide à naviguer dans le monde des rencontres après 30 ans avec plus de confiance et de clarté. En vous concentrant sur la communication honnête, la définition de vos propres objectifs et la gestion des défis relationnels, vous pouvez établir des relations plus significatives et équilibrées. Souvenez-vous que chaque expérience est une opportunité d'apprentissage et que rester fidèle à vous-même est la clé d'une vie amoureuse épanouie.

# Comment Savoir s'il est Vraiment Intéressé : 10 Indicateurs Clés

## Introduction : Les Signes de l'Intérêt Véritable

Dans le monde complexe des rencontres, il peut être difficile de discerner si quelqu'un est vraiment intéressé par vous ou s'il est simplement poli. Les signaux d'intérêt peuvent être subtils et varient d'une personne à l'autre. Pour éviter les malentendus et les déceptions, il est crucial de savoir reconnaître les signes d'un intérêt sincère. Voici dix indicateurs pertinents qui peuvent vous aider à évaluer si un homme est vraiment intéressé par vous.

## 1. Communication Régulière et Consistante

**Description :** Un signe clair d'intérêt est la fréquence et la régularité des communications. Un homme réellement intéressé prendra le temps de vous contacter régulièrement, que ce soit par messages, appels ou autres moyens de communication.

**Détails :** Observez s'il initie souvent des conversations et s'il répond rapidement à vos messages. Les personnes intéressées chercheront à maintenir la connexion en proposant des rendez-vous, en posant des questions sur votre vie quotidienne et en se montrant engagées dans les échanges. Une communication incohérente ou sporadique peut être un signe qu'il n'est pas aussi investit.

**Exemple Pratique :** S'il vous envoie un message le matin pour vous souhaiter une bonne journée et enchaîne avec des questions sur votre soirée, cela montre un intérêt pour votre vie et un désir de maintenir un lien.

## 2. Initiatives pour Planifier des Rendez-vous

**Description :** Lorsqu'un homme est vraiment intéressé, il prendra l'initiative de planifier des rendez-vous. Il ne se contentera pas de répondre à vos suggestions, mais proposera des idées de sorties et des activités à partager.

**Détails :** Les initiatives peuvent inclure la suggestion de nouvelles activités, la planification de rendez-vous à l'avance, et la recherche d'opportunités pour passer du temps ensemble. Un manque d'initiatives ou une attitude passagère à ce sujet peut indiquer un désintérêt ou une attitude nonchalante.

**Exemple Pratique :** S'il propose d'aller à un événement que vous avez mentionné aimer ou organise des activités en fonction de vos centres d'intérêt, cela montre qu'il prend en compte vos préférences et souhaite passer du temps avec vous.

## 3. Écoute Active et Engagement lors des Conversations

**Description :** Un homme vraiment intéressé fera preuve d'écoute active lors de vos conversations. Il se souviendra des détails importants que vous partagez et les utilisera pour approfondir les échanges.

**Détails :** Il posera des questions de suivi basées sur ce que vous avez dit précédemment, montrant qu'il prête attention et qu'il se soucie de ce que vous partagez. Il évitera les interruptions et se montrera attentif à vos émotions et vos opinions.

**Exemple Pratique :** Si vous parlez d'un projet passionnant que vous avez, et qu'il revient sur ce sujet dans une conversation ultérieure en vous demandant comment cela progresse, cela indique un véritable intérêt pour ce qui compte pour vous.

---

### 4. Présentation de Ses Proches et Intégration dans sa Vie

**Description :** Un homme réellement intéressé vous intégrera progressivement dans sa vie et vous présentera à ses proches et amis.

**Détails :** Les rencontres avec des amis ou des membres de la famille sont des étapes importantes qui montrent qu'il envisage une relation sérieuse. Si un homme vous invite à des événements sociaux ou vous parle de ses proches, cela indique qu'il veut vous inclure dans sa vie.

**Exemple Pratique :** Une invitation à un dîner de famille ou à une réunion entre amis est un signe qu'il vous considère comme quelqu'un d'important et souhaite que vous fassiez partie de son cercle social.

---

### 5. Intérêt pour Votre Vie Personnelle et Professionnelle

**Description :** Un signe d'intérêt profond est sa curiosité sincère pour votre vie personnelle et professionnelle. Il posera des questions sur vos passions, vos ambitions et vos expériences de vie.

**Détails :** Ce niveau d'intérêt implique qu'il veut vous connaître dans son ensemble et s'intéresse à vos réussites, défis, et objectifs personnels. Il ne se limite pas à des questions superficielles, mais cherche à comprendre ce qui vous motive et ce qui vous rend heureuse.

**Exemple Pratique :** Si vous mentionnez une promotion au travail ou un hobby, et qu'il continue à poser des questions pour en savoir plus et discuter de ces sujets, cela montre un intérêt réel pour votre vie.

---

### 6. Gestes Affectueux et Attentionnés

**Description :** Les gestes affectueux, comme des câlins, des prises de main ou des compliments sincères, sont des indicateurs d'intérêt amoureux.

**Détails :** Ces gestes vont au-delà des interactions purement amicales et indiquent une connexion émotionnelle et physique. Ils montrent qu'il se sent à l'aise avec vous et qu'il cherche à renforcer la relation par des contacts physiques et des expressions de tendresse.

**Exemple Pratique :** Un câlin spontané après une conversation significative ou des gestes comme vous prendre la main lors d'une promenade sont des signes que ses sentiments vont au-delà de l'amitié.

---

### 7. Priorisation de Votre Temps et de Votre Bien-être

**Description :** Un homme vraiment intéressé se soucie de votre bien-être et cherchera à prioriser votre temps ensemble. Il fera des efforts pour vous voir malgré son emploi du temps chargé.

**Détails :** Il peut ajuster ses plans pour passer du temps avec vous ou vous soutenir dans des moments difficiles. Sa volonté de faire des compromis et de mettre de côté ses propres besoins pour vous est un signe fort d'intérêt sincère.

**Exemple Pratique :** Si vous avez un événement important ou un moment difficile, et qu'il ajuste son emploi du temps pour vous soutenir ou vous accompagner, cela montre qu'il accorde une grande importance à votre vie.

---

### 8. Projets d'Avenir et Discussions sur l'Avenir de la Relation

**Description :** Un homme vraiment intéressé parlera de l'avenir de la relation et fera des projets à long terme.

**Détails :** Cela peut inclure des discussions sur des vacances futures, des objectifs communs ou des plans pour la vie ensemble. Il ne se limite pas à des discussions sur le court terme, mais envisage un avenir avec vous.

**Exemple Pratique :** S'il mentionne des idées pour des vacances futures ou des événements à long terme et vous inclut dans ces plans, cela montre qu'il imagine un futur à vos côtés.

---

### 9. Réactions Positives à Vos Réussites et Vos Bonnes Nouvelles

**Description :** Un homme intéressé se réjouira sincèrement de vos réussites et de vos bonnes nouvelles.

**Détails :** Il célébrera vos réussites et montrera de l'enthousiasme pour vos réussites personnelles et professionnelles. Il vous encouragera et sera présent pour partager vos moments de joie, montrant ainsi qu'il est impliqué émotionnellement dans votre bonheur.

**Exemple Pratique :** Si vous obtenez une promotion ou réalisez un projet important, et qu'il exprime son excitation et son fierté pour vous, cela montre qu'il est vraiment intéressé par votre succès et votre bonheur.

---

## 10. Disponibilité Emotionnelle et Support dans les Moments Difficiles

**Description :** Un homme qui est vraiment intéressé sera disponible émotionnellement et vous soutiendra dans les moments difficiles.

**Détails :** Il sera là pour vous écouter, vous soutenir et vous aider à traverser les périodes stressantes. Sa capacité à offrir un soutien émotionnel montre qu'il est investi dans la relation et qu'il se soucie profondément de votre bien-être.

**Exemple Pratique :** Si vous traversez une période difficile, et qu'il vous offre son soutien, prend le temps d'écouter vos préoccupations, et vous aide à trouver des solutions, cela indique qu'il est véritablement engagé dans la relation.

---

### Conclusion : L'Intérêt Réel et Sincère

Identifier si un homme est réellement intéressé peut être complexe, mais ces dix indicateurs clés fournissent des repères précieux. La communication régulière, les initiatives pour les rendez-vous, l'écoute active, et les gestes affectueux sont des signes tangibles d'un véritable intérêt. En restant attentive à ces signes et en restant fidèle à vos propres sentiments et valeurs, vous serez mieux équipée pour évaluer la sincérité d'un partenaire potentiel. N'oubliez pas que chaque relation est unique, et il est important de respecter votre propre rythme tout en cherchant à construire des connexions authentiques et significatives.

**Histoire Vécue : Mon Premier Rendez-vous à 35 Ans**

## Introduction : L'Excitation et l'Anxiété d'un Nouveau Départ

Il y a des moments dans la vie où l'on se retrouve à un carrefour, prêt à explorer de nouvelles avenues que l'on n'aurait jamais imaginées auparavant. Pour moi, à 35 ans, ce moment est arrivé sous la forme d'un premier rendez-vous avec une femme que je venais de rencontrer en ligne. C'était un nouveau départ, une opportunité de redécouvrir la magie des rencontres, mais aussi une aventure parsemée d'excitation et de nervosité.

## Chapitre 1 : La Préparation - Entre Nervosité et Enthousiasme

L'attente de ce premier rendez-vous était remplie d'anticipation. Après des semaines de discussions en ligne, où les messages s'étaient échangés entre rires, anecdotes et confessions, il était temps de passer à la réalité. Je me suis retrouvé dans ma chambre, scrutant mon placard comme si chaque vêtement pouvait faire ou défaire ce rendez-vous. L'hésitation entre le look décontracté et le plus élégant était réelle. Finalement, j'optais pour une tenue soignée mais confortable : une chemise bien repassée et un jean qui avait l'air suffisamment chic sans paraître trop formel.

La préparation n'était pas seulement extérieure. Je passais en revue toutes nos conversations pour me rappeler les petites choses qu'elle avait partagées sur ses intérêts et ses passions. L'objectif était de rester moi-même, mais aussi d'être attentif à ses goûts et à ses histoires, afin d'avoir des sujets de conversation prêts.

## Chapitre 2 : Le Premier Contact - Une Rencontre en Personne

Nous avions décidé de nous rencontrer dans un café charmant au cœur de la ville. Le lieu avait été soigneusement choisi pour son ambiance agréable et ses bons avis. En arrivant, je suis allé directement à la table que j'avais réservée. Chaque minute semblait durer une éternité alors que je jetais des regards furtifs vers la porte, espérant apercevoir cette personne avec qui j'avais échangé tant de messages.

Et puis, elle est entrée. Je me souviens de la première impression : une allure élégante, un sourire radieux, et une démarche confiante. Nous nous sommes salués, et le moment de la première prise de contact était à la fois simple et chargé de signification. Ce n'était plus des mots sur un écran, mais une réalité palpable. L'anxiété s'est dissipée lentement, remplacée par une sensation de confort et de curiosité.

## Chapitre 3 : La Conversation - De l'Inconnu à la Connexion

La conversation a commencé doucement, comme une danse hésitante où chacun essayait de trouver ses repères. Nous avons commencé par des sujets légers : les voyages que nous avions faits, nos films préférés et nos restaurants favoris. Chaque réponse offrait une nouvelle découverte, une opportunité de creuser plus profondément et de comprendre l'autre.

Je me suis surpris à être réellement intéressé par ses histoires, ses passions, et même ses petits défis quotidiens. C'était un échange sincère où je pouvais me sentir moi-même sans prétendre être quelqu'un d'autre. Nous avons parlé de nos carrières, des changements que nous avions envisagés, et des rêves que nous avions encore à réaliser. Les rires étaient fréquents, et l'atmosphère était détendue.

## Chapitre 4 : Les Moments de Connexion - Quand le Temps Semble S'arrêter

Il y avait des moments où la conversation se faisait plus profonde, où nous échangions des réflexions sur la vie, l'amour, et les relations. C'est dans ces instants que j'ai ressenti une véritable connexion. Nos yeux se rencontraient, et il y avait quelque chose d'inexplicable mais indéniable dans l'air. Chaque histoire, chaque opinion partagée semblait ajouter une couche de compréhension entre nous.

Un moment particulier restera gravé dans ma mémoire : lorsque nous avons parlé de nos valeurs et de ce qui nous tenait à cœur. Elle a partagé ses aspirations pour l'avenir, et je pouvais voir la passion dans ses yeux. C'était un rappel puissant de pourquoi les rencontres en personne sont si importantes : elles permettent de voir et de ressentir la véritable essence de quelqu'un.

## Chapitre 5 : La Fin du Rendez-vous - Espoirs et Réflexions

À la fin du rendez-vous, je me suis senti rempli d'une douce euphorie. Nous avons décidé de faire une courte promenade pour prolonger notre temps ensemble avant de nous séparer. La conversation s'est poursuivie de manière fluide, et il était évident que nous avions encore beaucoup à partager.

Lors de la séparation, les adieux étaient simples mais chargés de promesses implicites. Nous avons échangé un sourire et un au revoir chaleureux, laissant place à l'espoir d'un futur commun. En rentrant chez moi, je ne pouvais m'empêcher de réfléchir à la soirée, à chaque détail, et à ce que cela pourrait signifier pour nous deux.

## Conclusion : L'Incertitude et l'Excitation d'un Nouveau Chapitre

Ce premier rendez-vous à 35 ans a été une expérience enrichissante et révélatrice. Il a rappelé la beauté des premières impressions, l'importance de la connexion authentique, et la magie des moments partagés. L'incertitude était présente, mais elle était accompagnée d'une excitation palpable pour ce que l'avenir pourrait réserver.

Rencontrer quelqu'un de nouveau est toujours un mélange de nervosité et de plaisir, et ce rendez-vous n'a pas fait exception. Ce fut une chance de réaffirmer que même après avoir vécu diverses expériences, il est possible de redécouvrir l'excitation et la profondeur des relations humaines. En fin de compte, ce premier rendez-vous n'était pas seulement une rencontre, mais le début d'un voyage où chaque moment partagé pouvait ouvrir des portes vers de nouvelles possibilités.

Chaque rendez-vous est une opportunité de se connecter, d'apprendre, et de grandir. À 35 ans, je me suis rendu compte que chaque rencontre a le potentiel de réinventer notre vision de l'amour et des relations. Ce rendez-vous était simplement un chapitre dans une histoire en constante évolution, remplie d'espoir et de promesses pour l'avenir.

# Les Avantages des Rencontres Après 30 Ans : Dix Points Pertinents

## Introduction : Les Richesses d'une Nouvelle Perspective

À 30 ans et au-delà, les rencontres prennent une dimension unique, enrichie par l'expérience de vie, la maturité, et une vision plus claire de ce que l'on recherche. Bien que les défis des relations à cet âge soient bien documentés, les avantages sont tout aussi significatifs. Ces avantages ne se limitent pas à des aspects superficiels, mais touchent au cœur de ce que signifie être authentiquement connectée avec quelqu'un. Voici dix points pertinents qui illustrent pourquoi les rencontres après 30 ans peuvent être une expérience profondément enrichissante.

## 1. Clarté des Objectifs Relationnels

**Description :** Après 30 ans, les individus ont généralement une vision plus précise de ce qu'ils recherchent dans une relation.

**Détails :** Les années précédentes ont souvent été consacrées à la découverte de soi, à la construction de sa carrière et à l'exploration de ses passions. À 30 ans, il est courant d'avoir une meilleure compréhension de ses propres objectifs et attentes en matière de relation. Cette clarté permet de naviguer les rencontres avec une intention plus ciblée, facilitant ainsi la recherche de quelqu'un qui partage des objectifs similaires.

**Exemple Pratique :** Si vous avez déjà envisagé le mariage et la parentalité, vous êtes plus à même de choisir un partenaire qui partage ces objectifs. Cette compréhension mutuelle dès le départ peut rendre la relation plus alignée et satisfaisante.

## 2. Maturité Émotionnelle et Stabilité

**Description :** À cet âge, la maturité émotionnelle est souvent plus développée, ce qui favorise des relations plus équilibrées et stables.

**Détails :** Les expériences de vie, qu'elles soient personnelles ou professionnelles, contribuent à une meilleure gestion des émotions et des conflits. Une maturité émotionnelle accrue permet de communiquer plus efficacement, de gérer les désaccords de manière constructive, et de développer une compréhension plus profonde des besoins émotionnels de son partenaire.

**Exemple Pratique :** Un homme ou une femme de 30 ans et plus sera probablement plus capable de discuter ouvertement des problèmes relationnels et de trouver des solutions, plutôt que de fuir les conflits ou de se laisser emporter par des réactions impulsives.

## 3. Confiance en Soi Renforcée

**Description :** Les personnes de plus de 30 ans ont souvent développé une meilleure confiance en elles, ce qui peut être un atout dans les rencontres.

**Détails :** Cette confiance est le résultat d'années de développement personnel et professionnel, permettant de se présenter de manière plus authentique et sûre. Une confiance en soi accrue facilite l'ouverture à de nouvelles relations sans se laisser submerger par les insécurités ou les doutes personnels.

**Exemple Pratique :** Aborder une conversation avec assurance, exprimer ses désirs et ses besoins, et faire des choix réfléchis dans la relation sont des manifestations positives de cette confiance.

---

### 4. Expérience de Vie et Perspective

**Description :** L'expérience de vie apporte une perspective précieuse qui enrichit les interactions et les relations.

**Détails :** Avoir vécu divers aspects de la vie, tels que les relations passées, les voyages, et les défis professionnels, permet de développer une vision plus riche et nuancée des relations humaines. Cette perspective peut favoriser une compréhension plus profonde et une approche plus sage des nouvelles relations.

**Exemple Pratique :** Un homme ou une femme de 30 ans et plus peut aborder les problèmes relationnels avec une meilleure capacité à relativiser et à gérer les attentes, grâce à une expérience de vie plus vaste.

---

### 5. Capacité à Établir des Objectifs Communs

**Description :** Après 30 ans, les individus sont souvent en mesure de mieux définir et partager des objectifs de vie à long terme.

**Détails :** Les expériences passées permettent de clarifier ce que l'on souhaite réaliser dans le futur. Lors des rencontres, cette capacité à établir des objectifs communs peut faciliter la construction de projets de vie à deux, que ce soit au niveau de la carrière, du mariage, ou de la parentalité.

**Exemple Pratique :** Un couple qui partage des objectifs de carrière ou de famille peut travailler ensemble pour atteindre ces objectifs, créant une base solide pour la relation.

## 6. Sélection plus Rigoureuse des Partenaires

**Description :** Avec l'âge, on apprend souvent à mieux choisir ses partenaires, en se basant sur des critères plus importants.

**Détails :** Les rencontres après 30 ans impliquent généralement une sélection plus rigoureuse des partenaires, en mettant l'accent sur la compatibilité des valeurs, des objectifs et des styles de vie. Cette approche permet d'éviter les relations superficielles et de se concentrer sur des connexions plus significatives.

**Exemple Pratique :** Une personne de 35 ans est souvent plus sélective et consciente des signaux d'alarme, choisissant des partenaires qui correspondent réellement à ses aspirations et à son mode de vie.

## 7. Stabilité Financière et Indépendance

**Description :** Les individus de plus de 30 ans sont souvent plus financièrement stables et indépendants.

**Détails :** Cette stabilité permet d'aborder les relations avec moins de stress financier, offrant plus de liberté pour se concentrer sur la construction d'une relation saine et épanouissante.

L'indépendance financière contribue également à la confiance en soi et à une dynamique de pouvoir plus équilibrée dans la relation.

**Exemple Pratique :** Être capable de partager des responsabilités financières de manière équitable et d'envisager des projets à deux sans se soucier constamment des contraintes économiques peut renforcer la relation.

---

## 8. Sociabilité et Réseau Établi

**Description :** À cet âge, les individus ont souvent un réseau social et professionnel bien établi.

**Détails :** Avoir un cercle social diversifié et un réseau de soutien peut enrichir la vie relationnelle. Les amis, la famille et les collègues apportent des perspectives et des conseils précieux, et peuvent même faciliter les rencontres grâce à des introductions.

**Exemple Pratique :** Une personne ayant un réseau étendu peut bénéficier de recommandations de rencontre ou de la possibilité de rencontrer des partenaires potentiels à travers des amis et des activités sociales.

---

## 9. Meilleure Connaissance de Soi et des Besoins Relationnels

**Description :** À 30 ans, on a souvent une meilleure compréhension de ses besoins et désirs personnels.

**Détails :** Cette connaissance de soi permet de mieux exprimer ses attentes dans une relation et de rechercher des partenaires qui répondent à ces besoins. Comprendre ce qui est important pour soi aide à éviter les compromis inutiles et à construire une relation plus harmonieuse.

**Exemple Pratique :** Une personne qui sait qu'elle valorise la communication ouverte et l'honnêteté est plus à même de rechercher un partenaire qui partage ces valeurs et qui favorise une relation saine.

---

## 10. Maturité dans la Gestion des Relations

**Description :** Les personnes de 30 ans et plus ont généralement développé une meilleure capacité à gérer les relations avec maturité.

**Détails :** La gestion des relations implique la résolution de conflits, la compréhension des dynamiques relationnelles, et la capacité à travailler ensemble pour résoudre les problèmes. Cette maturité est le résultat de nombreuses expériences et apprentissages, permettant d'aborder les défis relationnels avec une perspective plus équilibrée.

**Exemple Pratique :** Une personne ayant déjà vécu des relations compliquées est souvent mieux équipée pour gérer les disputes de manière constructive et pour maintenir une relation saine à long terme.

---

## Conclusion : Une Nouvelle Dimension aux Rencontres

Rencontrer quelqu'un après 30 ans offre une richesse d'avantages qui ne peuvent être pleinement appréciés qu'avec la maturité et l'expérience de vie. La clarté des objectifs, la maturité émotionnelle, et la confiance en soi enrichissent les rencontres et permettent de construire des relations plus solides et significatives. En abordant les relations avec une perspective plus réfléchie et une meilleure compréhension de soi, les rencontres après 30 ans peuvent devenir une expérience profondément épanouissante, marquée par des connexions authentiques et des projets communs enrichissants.

**Quiz : Quel est Votre Style de Flirt ?**

Découvrez quel type de flirt vous représente le mieux grâce à ce quiz amusant et révélateur ! Répondez aux questions suivantes pour savoir si vous êtes un charmeur audacieux, un subtil observateur ou un romantique réservé.

---

**Question 1 : Lorsque vous rencontrez quelqu'un qui vous plaît, quelle est votre première réaction ?**

a) Vous lancez immédiatement une remarque amusante ou un compliment pour briser la glace. b) Vous commencez par observer les détails, vous évaluez la situation et choisissez le meilleur moment pour intervenir. c) Vous préférez créer une connexion plus profonde en parlant de sujets personnels ou en partageant vos passions.

**Question 2 : Comment réagissez-vous quand vous sentez qu'un rendez-vous ne se passe pas comme prévu ?**

a) Vous tentez de redonner de l'énergie à la conversation avec des anecdotes amusantes ou des sujets légers. b) Vous ajustez votre approche en fonction des indices de l'autre personne, cherchant à comprendre ce qui pourrait améliorer la situation. c) Vous restez attentif aux émotions de l'autre personne et vous essayez de vous connecter à un niveau plus profond pour résoudre la tension.

**Question 3 : Quelle est votre technique préférée pour attirer l'attention de quelqu'un ?**

a) Vous utilisez l'humour et les compliments pour captiver leur attention et les mettre à l'aise. b) Vous préférez engager une conversation sur des sujets qui vous passionnent et montrer un intérêt sincère pour l'autre personne. c) Vous vous concentrez sur des gestes subtils et des signes non verbaux pour créer une atmosphère intime et engageante.

## Question 4 : Quand il s'agit de donner un compliment, comment le faites-vous ?

a) Vous optez pour des compliments directs et souvent humoristiques pour faire sourire la personne. b) Vous faites attention aux détails et vous choisissez des compliments qui montrent que vous avez remarqué quelque chose de spécial chez l'autre. c) Vous exprimez vos compliments de manière sincère et profonde, en soulignant des qualités qui sont importantes pour vous.

## Question 5 : Comment préparez-vous un rendez-vous ?

a) Vous planifiez des activités amusantes et légères pour assurer que la rencontre soit divertissante et pleine de rires. b) Vous réfléchissez à des sujets de conversation intéressants et préparez des questions pour mieux connaître l'autre personne. c) Vous vous concentrez sur l'ambiance et le cadre, en choisissant des endroits où vous pourrez avoir des conversations intimes et significatives.

## Question 6 : Quel est votre style de communication pendant un rendez-vous ?

a) Vous êtes vif et plein d'énergie, utilisant des anecdotes et des blagues pour maintenir une atmosphère détendue. b) Vous êtes attentif et écoutez activement, posant des questions ouvertes et montrant un intérêt sincère pour les réponses. c) Vous êtes attentif aux signaux non verbaux et aux émotions, ajustant votre approche pour créer un espace confortable et réceptif.

**Question 7 : Quel type d'activité de rendez-vous préférez-vous ?**

a) Des activités amusantes et interactives, comme des jeux ou des sorties en plein air, pour créer des moments mémorables. b) Des dîners ou des cafés où vous pouvez avoir des conversations approfondies et découvrir la personnalité de l'autre. c) Des moments plus intimes et personnels, comme des promenades tranquilles ou des activités qui permettent de se connecter à un niveau plus profond.

**Question 8 : Quand vous êtes intéressé par quelqu'un, comment le montrez-vous ?**

a) Par des gestes et des mots directs, en leur faisant sentir qu'ils sont spéciaux et en leur montrant votre enthousiasme. b) Par une attention discrète et un intérêt sincère, en prenant le temps d'apprendre à connaître les détails importants de leur vie. c) Par des gestes subtils et des signes affectueux, en créant une connexion émotionnelle profonde et en établissant un espace de confiance.

**Question 9 : Quel est votre approche pour gérer les moments de silence lors d'un rendez-vous ?**

a) Vous essayez de les remplir avec des histoires intéressantes ou des questions amusantes pour relancer la conversation. b) Vous profitez du silence pour observer et comprendre l'autre personne, cherchant à en apprendre plus sur ses pensées et ses sentiments. c) Vous utilisez le silence pour créer un moment de confort, en restant présent et en montrant que vous êtes à l'aise avec l'autre personne.

**Question 10 : Quel est votre but principal lorsqu'il s'agit de flirter ?**

a) Vous voulez surtout vous amuser et faire en sorte que l'autre personne passe un bon moment. b) Vous cherchez à établir une connexion authentique et à comprendre si vous avez des intérêts et des valeurs communs. c) Vous voulez créer une relation significative et établir une base solide pour quelque chose de plus profond.

---

**Résultats**

**Majorité de A : Le Charmeur Audacieux** Vous êtes un maître du divertissement et de la légèreté ! Votre style de flirt est basé sur l'humour, l'énergie et les compliments. Vous savez comment faire sourire quelqu'un et rendre chaque interaction agréable et mémorable.

**Majorité de B : Le Subtil Observateur** Votre approche est réfléchie et attentive. Vous préférez établir une connexion significative en montrant un intérêt sincère pour l'autre personne. Vous êtes attentif aux détails et vous adaptez votre stratégie en fonction des réactions de l'autre.

**Majorité de C : Le Romantique Réservé** Vous privilégiez la profondeur et la connexion émotionnelle. Votre style de flirt est subtil et intimiste, axé sur des gestes affectueux et des conversations significatives. Vous recherchez une véritable connexion et une base solide pour des relations futures.

---

Que vous soyez un charmeur audacieux, un subtil observateur, ou un romantique réservé, chaque style de flirt a ses propres avantages et charme. Connaître votre style peut vous aider à mieux comprendre comment vous engagez avec les autres et comment vous pouvez améliorer vos interactions pour des rencontres plus enrichissantes.

## Comment Gérer les Rencontres qui Ne Mènent Nulle Part

Les rencontres qui ne débouchent pas sur une relation significative peuvent être décourageantes, mais elles font partie intégrante du parcours amoureux. Gérer ces situations avec maturité et perspective peut non seulement améliorer votre expérience de rencontres, mais aussi vous aider à rester positif et motivé. Voici un guide détaillé sur la manière de gérer les rencontres qui semblent ne mener nulle part.

---

### 1. Acceptez la Réalité et Ne Prenez Pas Cela Personnellement

**Description :** Les rencontres qui ne se concrétisent pas peuvent être frustrantes, mais il est essentiel de comprendre que ce n'est pas un reflet de votre valeur personnelle.

**Détails :** Parfois, les personnes ne sont tout simplement pas prêtes pour une relation, ou les intérêts et les objectifs ne sont pas alignés. Cela ne signifie pas que vous êtes inadapté ou que vous avez échoué. Chaque rencontre est une occasion d'apprendre et de grandir, mais cela ne définit pas votre mérite ou votre potentiel en tant que partenaire.

**Conseil Pratique :** Prenez du recul et rappelez-vous que chaque rencontre est une opportunité pour mieux comprendre ce que vous recherchez et comment vous pouvez vous améliorer dans vos relations futures.

---

### 2. Analysez Objectivement les Raisons pour les Quelles Ça N'a Pas Fonctionné

**Description :** Comprendre les raisons pour lesquelles une rencontre ne mène nulle part peut offrir des perspectives précieuses.

**Détails :** Prenez le temps de réfléchir à ce qui a pu poser problème : est-ce une incompatibilité de valeurs, des attentes non partagées, ou simplement un manque de chimie ? Cette analyse objective peut vous aider à identifier des schémas récurrents et à ajuster votre approche dans de futures rencontres.

**Conseil Pratique :** Faites un journal de vos expériences de rencontres, en notant ce qui a bien fonctionné et ce qui a été moins satisfaisant. Cela vous aidera à mieux comprendre vos préférences et à éviter les erreurs similaires à l'avenir.

---

### 3. Communiquez Ouvertement et Respectueusement

**Description :** Une communication claire et honnête est essentielle pour naviguer dans les rencontres qui ne mènent pas à une relation sérieuse.

**Détails :** Si vous sentez que la rencontre ne progresse pas, il est important d'en parler de manière respectueuse. Exprimez vos sentiments de manière honnête et ouverte, tout en étant attentif aux sentiments de l'autre personne. Une communication directe peut éviter les malentendus et permettre à chacun de clarifier ses intentions.

**Conseil Pratique :** Préparez une approche diplomatique pour discuter de l'état de la relation, en mettant l'accent sur vos sentiments et vos observations plutôt que de blâmer l'autre personne.

## 4. Utilisez Chaque Rencontre Comme une Opportunité d'Apprentissage

**Description :** Chaque rencontre, même si elle ne débouche pas sur une relation durable, offre des leçons précieuses.

**Détails :** Réfléchissez aux aspects positifs de chaque rencontre : peut-être avez-vous appris quelque chose de nouveau sur vous-même, sur vos préférences ou sur la dynamique relationnelle. Ces expériences enrichissent votre compréhension des relations et peuvent vous aider à mieux vous préparer pour de futures interactions.

**Conseil Pratique :** Faites un bilan après chaque rencontre, en vous concentrant sur ce que vous avez appris et comment vous pouvez appliquer ces leçons dans vos futures relations.

## 5. Gardez une Attitude Positive et Restez Ouvert aux Nouvelles Opportunités

**Description :** Une attitude positive est cruciale pour rester motivé malgré les déceptions des rencontres infructueuses.

**Détails :** Il est facile de se décourager après plusieurs rencontres qui ne mènent nulle part, mais maintenir une attitude optimiste peut vous aider à rester ouvert aux nouvelles possibilités. La persévérance et l'ouverture d'esprit augmentent vos chances de trouver une relation qui vous correspond vraiment.

**Conseil Pratique :** Engagez-vous dans des activités qui vous passionnent et qui vous permettent de rencontrer de nouvelles personnes dans des contextes différents. Parfois, les meilleures connexions se font de manière inattendue.

## 6. Ne Soyez Pas Trop Dur avec Vous-Même

**Description :** Les rencontres infructueuses ne sont pas un reflet de vos défauts ou de vos insuffisances personnelles.

**Détails :** Il est important de ne pas se blâmer ou de se sentir dévalorisé à cause de rencontres qui ne fonctionnent pas. La recherche de l'amour peut être complexe et il est normal de rencontrer des obstacles en cours de route. Soyez bienveillant envers vous-même et reconnaissez que chaque expérience fait partie du voyage.

**Conseil Pratique :** Pratiquez des affirmations positives et rappelez-vous régulièrement vos qualités et vos réussites dans d'autres aspects de votre vie.

## 7. Fixez des Limites Claires pour Éviter la Frustration

**Description :** Fixer des limites claires concernant vos attentes et vos besoins peut aider à éviter des déceptions répétées.

**Détails :** Définissez vos critères et vos limites avant de commencer une nouvelle rencontre. En établissant des attentes réalistes et en vous assurant qu'elles sont en accord avec celles de l'autre personne, vous pouvez éviter les frustrations qui résultent d'une incompatibilité non détectée dès le début.

**Conseil Pratique :** Soyez honnête dès le départ sur vos intentions et vos attentes, et n'hésitez pas à poser des questions importantes tôt dans la relation pour vous assurer d'une compatibilité.

---

## 8. Consultez des Amis ou un Conseiller pour Obtenir du Soutien

**Description :** Parler de vos expériences avec des amis proches ou un conseiller peut offrir un soutien précieux et une perspective extérieure.

**Détails :** Discuter de vos frustrations et de vos expériences avec des personnes de confiance peut vous aider à traiter vos émotions et à obtenir des conseils sur la manière de progresser. Parfois, une perspective extérieure peut révéler des aspects que vous n'aviez pas considérés.

**Conseil Pratique :** Trouvez un groupe de soutien ou un conseiller spécialisé dans les relations pour vous aider à naviguer dans vos sentiments et à trouver des solutions adaptées à vos besoins.

---

## 9. Revisitez Vos Critères et Attentes

**Description :** Évaluer régulièrement vos critères et vos attentes peut vous aider à rester aligné avec vos véritables désirs et besoins.

**Détails :** Au fil du temps, vos critères peuvent évoluer. Il est important de revisiter vos attentes et de vous assurer qu'elles sont toujours en accord avec ce que vous recherchez vraiment. Ajuster vos critères peut ouvrir de nouvelles avenues pour des rencontres plus réussies.

**Conseil Pratique :** Faites un exercice de réflexion périodique pour ajuster vos critères de rencontre en fonction de ce que vous apprenez sur vous-même et sur ce que vous voulez réellement dans une relation.

---

### 10. Concentrez-vous sur Votre Développement Personnel

**Description :** Profiter de ce temps pour vous concentrer sur votre croissance personnelle peut être extrêmement bénéfique.

**Détails :** Utilisez les périodes entre les rencontres infructueuses pour travailler sur vous-même, que ce soit en développant de nouvelles compétences, en poursuivant des passions ou en améliorant votre bien-être général. Le développement personnel peut non seulement vous rendre plus attirant, mais aussi enrichir votre vie de manière significative.

**Conseil Pratique :** Engagez-vous dans des activités qui vous passionnent et qui favorisent votre croissance personnelle. Une vie épanouie et équilibrée peut attirer des personnes qui partagent vos valeurs et vos intérêts.

---

### Conclusion

Les rencontres qui ne mènent nulle part peuvent être décevantes, mais elles offrent également des opportunités de réflexion et de croissance personnelle. En acceptant ces expériences comme faisant partie du voyage, en restant positif et en utilisant chaque rencontre comme une chance d'apprendre, vous pouvez transformer ces situations en des occasions d'amélioration et de préparation pour de futures relations. Chaque étape de votre parcours amoureux contribue à construire une base solide pour trouver une connexion véritable et significative.

## A faire & Ne pas faire : Le Langage Corporel au Premier Rendez-Vous

Le langage corporel joue un rôle crucial dans les premières impressions lors d'un rendez-vous. Il peut exprimer vos sentiments, établir une connexion et même influencer la dynamique de la rencontre. Pour vous aider à naviguer dans cette dimension souvent subtile mais puissante des interactions, voici une liste de **do's** (à faire) et de **don'ts** (à ne pas faire) concernant le langage corporel au premier rendez-vous.

---

## Do's

### 1. Souriez Sincèrement

**Description :** Un sourire authentique est l'un des signes les plus universels d'ouverture et de convivialité.

**Détails :** Sourire sincèrement aide à créer une atmosphère chaleureuse et accueillante. Il montre que vous êtes content de rencontrer l'autre personne et rend la conversation plus agréable. Un sourire naturel peut également aider à réduire la nervosité et à établir une connexion immédiate.

**Conseil Pratique :** Lorsque vous souriez, assurez-vous que cela se reflète dans vos yeux pour éviter un sourire forcé. Un sourire qui atteint vos yeux est perçu comme plus authentique et engageant.

---

## 2. Maintenez un Contact Visuel

**Description :** Le contact visuel est essentiel pour établir une connexion et montrer que vous êtes intéressé par la conversation.

**Détails :** Regarder quelqu'un dans les yeux montre que vous êtes attentif et engagé. Cela aide à créer une connexion plus profonde et à exprimer de la confiance. Cependant, il est important de ne pas trop insister pour éviter de mettre l'autre personne mal à l'aise.

**Conseil Pratique :** Maintenez un contact visuel régulier mais naturel, en alternant avec des regards ailleurs pour éviter de paraître intense ou intrusif.

---

## 3. Adoptez une Posture Ouverte

**Description :** Une posture ouverte et détendue communique une attitude réceptive et intéressée.

**Détails :** En gardant les bras et les jambes non croisés, vous montrez que vous êtes accessible et ouvert à la discussion. Une posture ouverte invite l'autre personne à se sentir à l'aise et engage davantage dans la conversation.

**Conseil Pratique :** Asseyez-vous avec votre torse légèrement incliné vers l'autre personne et gardez vos mains visibles sur la table pour encourager une interaction ouverte.

---

## 4. Écoutez Activement avec des Signes Non Verbaux

**Description :** Les signes non verbaux comme hocher la tête ou émettre des petits "hm" montrent que vous écoutez activement.

**Détails :** Écouter activement implique d'utiliser des gestes non verbaux pour montrer que vous êtes impliqué dans la conversation. Ces gestes rassurent l'autre personne que vous êtes attentif et intéressé par ce qu'elle dit.

**Conseil Pratique :** Utilisez des signes comme hocher la tête et maintenir une posture engagée pour démontrer votre intérêt. Évitez de vous distraire avec votre téléphone ou de regarder autour de vous.

---

## 5. Utilisez des Gestes Subtils pour la Connexion

**Description :** Des gestes subtils comme un léger toucher sur le bras peuvent créer un sentiment de proximité et de connexion.

**Détails :** Les gestes physiques modérés, comme toucher légèrement l'avant-bras de l'autre personne pendant une conversation, peuvent renforcer la connexion et la complicité. Ces gestes doivent être appropriés et respecter les limites personnelles de chacun.

**Conseil Pratique :** Commencez par des gestes subtils et observez la réaction de l'autre personne. Si elle semble réceptive, vous pouvez ajuster en conséquence, mais toujours avec sensibilité.

---

## Don'ts

## 1. Évitez de Croiser les Bras

**Description :** Croiser les bras peut être perçu comme un signe de fermeture ou de désintérêt.

**Détails** : Croiser les bras peut involontairement donner l'impression que vous êtes sur la défensive ou que vous vous sentez inconfortable. Cela peut créer une barrière entre vous et l'autre personne, rendant la conversation moins fluide.

**Conseil Pratique** : Essayez de maintenir une posture ouverte, même si vous êtes nerveux. Placez vos mains sur vos genoux ou sur la table pour éviter de croiser les bras.

---

## 2. Ne Regardez Pas Constantement Votre Téléphone

**Description** : L'utilisation excessive du téléphone pendant un rendez-vous peut donner l'impression que vous êtes désintéressé.

**Détails** : Vérifier votre téléphone régulièrement peut distraire de la conversation et suggérer que vous ne valorisez pas le temps passé avec l'autre personne. Cela peut créer une impression négative et nuire à l'interaction.

**Conseil Pratique** : Gardez votre téléphone en mode silencieux et placez-le dans votre sac ou votre poche pendant le rendez-vous pour montrer que vous êtes pleinement présent.

---

## 3. Évitez de Fuir le Regard ou de Détourner les Yeux

**Description** : Éviter le contact visuel peut être interprété comme un manque de confiance ou d'intérêt.

**Détails** : Fuir le regard peut rendre l'autre personne mal à l'aise et donner l'impression que vous n'êtes pas vraiment intéressé par la conversation. Cela peut également être perçu comme un signe de nervosité excessive.

**Conseil Pratique :** Pratiquez un contact visuel équilibré, en regardant l'autre personne dans les yeux pendant que vous parlez et écoutez. Cela montre votre engagement sans être trop intense.

---

### 4. Ne Vous Penchez Pas Excessivement en Avant

**Description :** Se pencher trop en avant peut être perçu comme envahissant ou trop intense.

**Détails :** Bien que la proximité puisse être positive, se pencher excessivement en avant peut mettre l'autre personne mal à l'aise. Cela peut être interprété comme un manque de respect des espaces personnels.

**Conseil Pratique :** Gardez une distance confortable et ajustez votre posture en fonction des signaux de l'autre personne. La clé est de rester accessible sans envahir l'espace personnel.

---

### 5. Ne Faites Pas de Gestes Excessifs ou Répétitifs

**Description :** Les gestes excessifs ou répétés peuvent distraire ou paraître nerveux.

**Détails :** Les mouvements excessifs des mains ou des bras peuvent détourner l'attention de la conversation et rendre l'interaction moins fluide. Cela peut également donner l'impression que vous êtes stressé ou inconfortable.

**Conseil Pratique :** Utilisez des gestes modérés pour soutenir votre discours et rester concentré sur la conversation. Évitez les gestes répétitifs qui pourraient distraire ou agacer l'autre personne.

## Conclusion

Le langage corporel est une partie essentielle de la communication lors des premiers rendez-vous. En suivant ces **do's** et **don'ts**, vous pouvez créer une atmosphère positive, démontrer votre intérêt sincère et éviter des malentendus potentiels. Souvenez-vous que la clé est d'être authentique et attentif aux signaux de l'autre personne. Une communication non verbale efficace peut transformer un premier rendez-vous en une expérience mémorable et enrichissante.

# Les Meilleures Activités pour un Premier Rendez-Voi à 30+ Ans

À 30 ans et plus, les premiers rendez-vous ont souvent un but plus clair : établir une connexion authentique et voir si vous partagez des valeurs et des intérêts communs. Choisir une activité qui favorise une bonne conversation tout en étant agréable est essentiel. Voici une liste d'activités idéales pour un premier rendez-vous à cet âge, accompagnée d'explications sur pourquoi elles peuvent être particulièrement efficaces.

---

## 1. Dîner dans un Restaurant au Concept Unique

**Description :** Un dîner dans un restaurant avec un concept particulier, tel qu'un restaurant à thème ou un restaurant avec une cuisine exotique, peut être une excellente manière de commencer une soirée.

**Pourquoi c'est idéal :** Un cadre unique peut créer une atmosphère intéressante et offrir des sujets de conversation supplémentaires. De plus, un repas permet de discuter confortablement dans un environnement détendu.

**Conseil Pratique :** Choisissez un restaurant qui offre une ambiance agréable et où vous pouvez discuter sans trop de bruit. Assurez-vous que le menu a des options pour tous les goûts et préférences alimentaires.

---

## 2. Visite d'un Musée ou d'une Galerie d'Art

**Description :** Explorer un musée ou une galerie d'art permet de découvrir des œuvres tout en engageant des discussions sur les impressions et les réflexions suscitées.

**Pourquoi c'est idéal :** Ces lieux offrent des opportunités naturelles pour des conversations intéressantes et stimulantes, tout en permettant de marcher côte à côte. C'est aussi un excellent moyen de voir si vous partagez des intérêts culturels.

**Conseil Pratique :** Recherchez des expositions actuelles ou des galeries qui pourraient correspondre aux intérêts de votre rendez-vous. Préparez quelques questions ouvertes pour lancer la conversation.

---

### 3. Promenade dans un Parc ou au Bord de l'Eau

**Description :** Une promenade dans un parc ou le long d'un quai offre un cadre détendu pour discuter tout en profitant de l'extérieur.

**Pourquoi c'est idéal :** Marcher côte à côte peut aider à atténuer la nervosité et créer un environnement naturel pour discuter. La beauté du paysage peut aussi servir de point de départ pour des conversations.

**Conseil Pratique :** Choisissez un endroit pittoresque et agréable, et assurez-vous d'adapter la durée de la promenade à vos préférences et à celles de votre rendez-vous.

---

## 4. Participer à un Atelier ou une Classe

**Description :** Assister ensemble à un atelier ou à une classe (comme la cuisine, le yoga, ou l'artisanat) peut être une manière amusante et interactive de passer du temps ensemble.

**Pourquoi c'est idéal :** Cette activité permet d'apprendre quelque chose de nouveau tout en travaillant en équipe. C'est également une manière ludique d'interagir et de créer des souvenirs ensemble.

**Conseil Pratique :** Choisissez une activité qui semble divertissante et qui pourrait intéresser les deux parties. Vérifiez les horaires à l'avance pour éviter tout stress de dernière minute.

---

## 5. Visite d'un Marché ou d'une Foire Locale

**Description :** Se promener dans un marché ou une foire locale permet de découvrir divers produits, déguster des spécialités locales et explorer des stands intéressants.

**Pourquoi c'est idéal :** Ces événements offrent un environnement animé et décontracté, idéal pour discuter tout en faisant des découvertes. C'est également un excellent moyen de tester la compatibilité des goûts.

**Conseil Pratique :** Choisissez un marché ou une foire avec une variété d'options pour rendre la visite intéressante. Préparez-vous à parler des différents produits ou stands que vous voyez.

---

## 6. Séance de Cinéma ou de Théâtre

**Description :** Aller voir un film ou une pièce de théâtre peut être une activité agréable qui permet de discuter ensuite autour de vos impressions sur le spectacle.

**Pourquoi c'est idéal :** Cette activité offre une expérience partagée et donne un sujet commun pour la conversation après la séance. C'est aussi une bonne option si vous préférez une activité plus traditionnelle.

**Conseil Pratique :** Optez pour un film ou une pièce qui semble intéressé à vous deux, et choisissez un moment qui permet de discuter tranquillement après.

---

## 7. Soirée Quiz ou Jeu de Société

**Description :** Participer à une soirée quiz ou à une soirée jeux de société dans un café ou un bar peut être à la fois divertissant et interactif.

**Pourquoi c'est idéal :** Les jeux et quiz permettent de montrer votre personnalité et vos compétences tout en favorisant une ambiance ludique. C'est aussi un excellent moyen de voir comment vous interagissez sous pression légère.

**Conseil Pratique :** Assurez-vous que l'activité est adaptée aux deux parties et que les jeux sont inclusifs et amusants pour tout le monde.

---

## 8. Séance de Dégustation de Vin ou de Café

**Description :** Une dégustation de vin ou de café permet de savourer des boissons tout en discutant des goûts et des préférences.

**Pourquoi c'est idéal :** Cela offre une atmosphère détendue et sophistiquée pour discuter. C'est aussi une excellente occasion d'échanger des opinions sur les différentes saveurs et variétés.

**Conseil Pratique :** Choisissez un établissement réputé pour ses dégustations et assurez-vous que l'activité est bien organisée pour maximiser l'expérience.

---

## 9. Randonnée ou Activité en Plein Air

**Description :** Faire une randonnée ou participer à une activité en plein air comme le vélo ou le kayak permet de profiter de la nature tout en engageant une conversation.

**Pourquoi c'est idéal :** Les activités en plein air permettent de combiner exercice et détente, ce qui peut aider à réduire la nervosité et à favoriser des discussions naturelles.

**Conseil Pratique :** Choisissez un niveau d'activité qui convient aux deux participants et assurez-vous de vérifier les conditions météorologiques à l'avance.

---

## 10. Visite d'un Festival ou d'un Événement Local

**Description :** Participer à un festival ou à un événement local peut offrir une expérience riche en divertissement et en culture.

**Pourquoi c'est idéal :** Ces événements créent un cadre dynamique et intéressant, idéal pour discuter tout en explorant divers aspects de la culture locale. Ils offrent également des opportunités de rencontrer d'autres personnes et de partager des expériences nouvelles.

**Conseil Pratique :** Consultez les événements à venir dans votre région et choisissez ceux qui semblent les plus attrayants et les plus adaptés à vos intérêts communs.

---

## Conclusion

Choisir la bonne activité pour un premier rendez-vous à 30 ans et plus peut aider à établir une connexion authentique et à rendre l'expérience agréable et mémorable. Les activités proposées offrent des environnements divers qui favorisent la conversation, la découverte mutuelle et la détente. Quelle que soit l'activité que vous choisissez, l'important est de créer un espace où vous pouvez être vous-même et découvrir si vous êtes sur la même longueur d'onde.

# Comment Naviguer dans les Relations à Distance à 30 Ans et Plus

Les relations à distance, bien qu'elles présentent des défis uniques, peuvent aussi être extrêmement enrichissantes. À 30 ans et plus, vous avez souvent des attentes et des objectifs plus clairs, ce qui peut influencer la manière dont vous gérez une relation à distance. Voici un guide détaillé pour naviguer dans les relations à distance à cet âge, en abordant les défis spécifiques et en proposant des stratégies pour maintenir une connexion forte et épanouissante.

---

## 1. Établir des Objectifs Clairs et Réalistes

**Description :** Avant de vous engager dans une relation à distance, il est crucial de définir des attentes claires et des objectifs réalistes.

**Pourquoi c'est important :** Avoir une compréhension commune des objectifs aide à éviter les malentendus et les frustrations. Cela inclut des discussions sur la fréquence des visites, les plans futurs et les attentes en matière de communication.

**Conseil Pratique :** Discutez ouvertement de vos objectifs à court et à long terme. Par exemple, décidez ensemble de la fréquence des visites et des plans pour réduire la distance si la relation progresse.

---

## 2. Planifier des Visites Régulières

**Description :** Les visites régulières sont essentielles pour maintenir la connexion et renforcer le lien émotionnel.

**Pourquoi c'est important :** Les rencontres en personne permettent de partager des moments significatifs et de créer des souvenirs communs, ce qui est crucial dans une relation à distance.

**Conseil Pratique :** Planifiez vos visites bien à l'avance et essayez de les maintenir régulières. Créez des moments spéciaux pendant ces visites pour renforcer votre connexion.

---

### 3. Utiliser la Technologie pour Rester Connecté

**Description :** La technologie joue un rôle clé dans les relations à distance en facilitant la communication et le partage de moments quotidiens.

**Pourquoi c'est important :** Les appels vidéo, les messages instantanés et les réseaux sociaux permettent de maintenir un contact régulier et de partager des aspects de votre vie quotidienne.

**Conseil Pratique :** Utilisez une variété de moyens de communication pour garder les choses intéressantes. Planifiez des appels vidéo réguliers et partagez des photos ou des vidéos pour maintenir une connexion visuelle.

---

### 4. Créer des Rituels Communes

**Description :** Établir des rituels communs peut aider à renforcer le sentiment de proximité et de connexion.

**Pourquoi c'est important :** Les rituels, tels que regarder un film ensemble en ligne ou avoir un « dîner virtuel », apportent une routine et une prévisibilité à la relation, ce qui est réconfortant.

**Conseil Pratique :** Trouvez des activités que vous pouvez faire ensemble, même à distance, comme jouer à des jeux en ligne ou lire le même livre. Ces rituels renforcent la connexion émotionnelle.

## 5. Gérer les Différences de Fuseaux Horaires

**Description :** Les différences de fuseaux horaires peuvent compliquer la coordination des appels et des moments passés ensemble.

**Pourquoi c'est important :** Gérer ces différences est crucial pour éviter les frustrations et les malentendus. Il est important d'être flexible et compréhensif quant aux horaires de l'autre.

**Conseil Pratique :** Utilisez des outils comme des calendriers partagés pour planifier les moments de communication. Essayez de trouver des créneaux qui conviennent à vous deux, même si cela nécessite des ajustements.

## 6. Maintenir la Confiance et la Transparence

**Description :** La confiance est un pilier fondamental dans toute relation, mais elle devient encore plus cruciale dans une relation à distance.

**Pourquoi c'est important :** La distance physique peut créer des opportunités pour des malentendus ou des insécurités. Être ouvert et honnête renforce la confiance et la sécurité dans la relation.

**Conseil Pratique :** Discutez ouvertement de vos sentiments, de vos préoccupations et de vos attentes. Évitez de cacher des informations importantes ou de minimiser des problèmes, et faites preuve de transparence dans vos interactions.

---

### 7. Fixer des Objectifs de Long Terme

**Description :** Avoir des objectifs de long terme en commun est essentiel pour maintenir l'engagement et la motivation dans une relation à distance.

**Pourquoi c'est important :** Les objectifs de long terme, comme un projet de vie commun ou un plan pour vivre dans la même ville, donnent un sens à la relation et montrent que vous avez un avenir ensemble.

**Conseil Pratique :** Discutez régulièrement de vos aspirations futures et de la manière dont vous envisagez de faire évoluer la relation. Avoir un plan concret peut aider à surmonter les périodes difficiles.

---

### 8. Trouver des Moyens de Créer des Souvenirs Partagés

**Description :** Créer des souvenirs partagés renforce le lien émotionnel et offre des points de connexion en dehors des conversations quotidiennes.

**Pourquoi c'est important :** Les souvenirs communs, même à distance, peuvent être une source de réconfort et de joie, et ils aident à solidifier votre relation.

**Conseil Pratique :** Envoyez-vous des petits cadeaux, planifiez des activités spéciales à faire ensemble à distance, comme regarder le même film en simultané ou lire le même livre.

---

## 9. Maintenir une Vie Sociale Équilibrée

**Description :** Il est important de maintenir une vie sociale active même dans une relation à distance pour éviter la dépendance émotionnelle excessive.

**Pourquoi c'est important :** Une vie sociale équilibrée vous permet de rester épanoui et heureux, ce qui contribue positivement à la relation. Elle aide également à éviter les sentiments de solitude ou d'isolement.

**Conseil Pratique :** Continuez à voir vos amis, à participer à des activités sociales et à poursuivre vos intérêts personnels. Une vie sociale riche peut également être un sujet intéressant de conversation avec votre partenaire.

---

## 10. Aborder les Conflits avec Patience et Empathie

**Description :** Les conflits peuvent surgir dans toute relation, mais il est important d'aborder les désaccords avec patience et empathie.

**Pourquoi c'est important :** La distance peut intensifier les conflits et les malentendus. Traiter les conflits avec patience et compréhension aide à résoudre les problèmes de manière constructive et renforce la relation.

**Conseil Pratique :** Prenez le temps de comprendre le point de vue de votre partenaire et exprimez vos propres préoccupations de manière calme et respectueuse. Évitez les accusations ou les jugements hâtifs.

---

## Conclusion

Naviguer dans une relation à distance à 30 ans et plus demande une attention particulière et une gestion proactive des défis uniques. En établissant des objectifs clairs, en utilisant la technologie à bon escient, et en maintenant la confiance et la transparence, vous pouvez surmonter les obstacles de la distance et renforcer votre connexion. Avec une communication ouverte, une planification soignée et une attitude positive, une relation à distance peut non seulement survivre mais aussi prospérer, apportant une profonde satisfaction et un engagement enrichissant pour les deux partenaires.

## Témoignage : Tomber Amoureuse de Nouveau Après une Longue Pause

Après une relation de près de dix ans qui s'est terminée brusquement, je me suis retrouvée seule à 33 ans, un peu perdue et surtout, réticente à l'idée de retomber amoureuse. Je m'étais toujours imaginée construire ma vie avec cette personne, et le choc de la séparation m'avait laissée épuisée émotionnellement et craintive à l'idée d'ouvrir à nouveau mon cœur. J'ai décidé de prendre une longue pause, de me concentrer sur moi-même, de me reconstruire, et de redécouvrir qui j'étais en dehors de cette relation.

Les premiers mois furent un véritable défi. J'ai dû réapprendre à être seule, à apprécier ma propre compagnie, et à remplir ma vie d'activités qui me passionnaient. Les dîners avec des amis, les cours de yoga, les voyages solo : toutes ces expériences m'ont aidée à retrouver ma force intérieure. Mais malgré tout, l'idée de l'amour restait en arrière-plan, quelque chose que je savais vouloir à nouveau, mais qui me semblait si lointain et intimidant.

Puis, un jour, alors que je m'y attendais le moins, l'amour a fait irruption dans ma vie sous une forme totalement inattendue.

Je l'ai rencontré lors d'un événement professionnel. Rien de glamour ou de scénarisé : juste une conversation naturelle qui s'est prolongée au-delà du cadre formel. C'était la première fois depuis longtemps que je me surprenais à rire de bon cœur avec quelqu'un, à ressentir ce petit pincement d'excitation, cet intérêt naissant qui me donnait envie d'en savoir plus sur lui.

Au début, j'étais prudente, presque sur la défensive. J'avais tellement peur de revivre une déception, de voir ma confiance brisée encore une fois. Mais lui, avec sa patience et son respect pour mon rythme, m'a permis de me sentir en sécurité. Nous avons pris les choses lentement. Pas de grands gestes romantiques ni de promesses hâtives, juste de la simplicité et de la sincérité. Chaque moment partagé était un petit pas vers l'avant, une nouvelle couche de confiance qui se construisait entre nous.

Il y a eu des moments de doute, bien sûr. Des souvenirs de ma précédente relation refaisaient surface, me rappelant la douleur du passé. Mais ce qui a changé, c'est ma propre perspective. J'avais grandi, j'avais appris à reconnaître mes besoins et mes limites. J'avais aussi appris l'importance de communiquer ouvertement, d'exprimer mes peurs et mes espoirs. Et à chaque fois que je me sentais vulnérable, il était là pour m'écouter, pour comprendre, et pour me rassurer.

Un soir, après plusieurs mois de relation, je me suis surprise à réaliser que j'étais tombée amoureuse. Pas d'un coup de foudre dramatique, mais d'une manière douce et profonde. C'était un amour mature, basé sur la compatibilité, la communication, et le respect mutuel. Cet amour n'effaçait pas mon passé, mais il s'inscrivait dans une nouvelle phase de ma vie, où je pouvais apprécier l'importance de prendre soin de moi tout en laissant une autre personne entrer dans mon cœur.

Retomber amoureuse après une longue pause m'a appris que l'amour n'a pas de règle fixe, pas de calendrier préétabli. Il arrive quand on est prêt à l'accueillir, même si cela signifie traverser des périodes d'incertitude et de peur. Ce nouveau chapitre de ma vie amoureuse est marqué par une compréhension plus profonde de moi-même et de ce que je veux vraiment dans une relation.

Aujourd'hui, je suis reconnaissante d'avoir pris ce temps pour me redécouvrir avant de me réengager. Cela m'a permis d'aborder cette nouvelle relation avec un esprit clair et un cœur ouvert.

Tomber amoureuse à nouveau après une longue pause n'a pas seulement été une seconde chance en amour, mais aussi une renaissance personnelle. J'ai appris que l'amour, dans toute sa beauté et sa complexité, mérite toujours d'être tenté, peu importe le temps que cela prend.

## Les Signaux d'Alarme à Détecter Lors des Premiers Rendez-Vous

Les premiers rendez-vous sont souvent excitants, remplis de potentiel et d'espoir. Cependant, ils sont aussi le moment idéal pour évaluer si la personne en face de vous correspond à vos attentes et à vos valeurs. Il est important de prêter attention à certains signaux d'alarme qui pourraient indiquer des comportements ou des attitudes problématiques à long terme. Voici dix signaux d'alarme à détecter lors des premiers rendez-vous.

---

### 1. Manque de Respect pour Votre Temps

**Description :** Arriver en retard sans prévenir ou sans s'excuser, ou encore être distrait(e) par des appels ou des messages durant le rendez-vous.

**Pourquoi c'est un signal d'alarme :** Le respect du temps de l'autre est fondamental dans toute relation. Si une personne ne prend pas au sérieux l'engagement d'un rendez-vous, cela peut indiquer un manque de respect général ou de considération pour vos besoins.

**Ce que cela peut indiquer :** Un manque de considération pour les sentiments et les priorités de l'autre, et une tendance à se montrer désorganisé(e) ou inconséquent(e).

---

## 2. Parler de Son Ex de Manière Excessive

**Description :** Mentionner constamment son ex-partenaire, soit en termes négatifs, soit en termes positifs, peut être un indicateur de préoccupations non résolues.

**Pourquoi c'est un signal d'alarme :** Si une personne est encore obsédée par son ex, cela peut signifier qu'elle n'a pas encore tourné la page, ce qui pourrait compliquer le développement d'une nouvelle relation.

**Ce que cela peut indiquer :** Un attachement émotionnel non résolu à une relation précédente, et une incapacité à se concentrer sur le présent.

---

## 3. Comportement Grossier envers le Personnel de Service

**Description :** Être impoli(e), condescendant(e) ou agressif(ve) envers les serveurs, barmans, ou tout autre personnel de service.

**Pourquoi c'est un signal d'alarme :** Le traitement des autres, en particulier de ceux qui sont perçus comme étant en position inférieure, peut être un bon indicateur du vrai caractère de quelqu'un.

**Ce que cela peut indiquer :** Un manque d'empathie, de respect, ou une tendance à se montrer dominant(e) et autoritaire.

---

## 4. Parler Uniquement de Soi

**Description :** Dominer la conversation en parlant constamment de soi sans poser de questions ou montrer de l'intérêt pour vous.

**Pourquoi c'est un signal d'alarme :** Une communication équilibrée est essentielle dans toute relation. Si quelqu'un ne montre aucun intérêt pour vous, cela peut indiquer un manque de profondeur émotionnelle ou de capacité à établir une connexion réelle.

**Ce que cela peut indiquer :** Un narcissisme potentiel, une immaturité émotionnelle, ou un manque de compétences sociales.

---

## 5. Pression pour Aller Trop Vite

**Description :** Pousser pour accélérer la relation, que ce soit sur le plan émotionnel, physique, ou même en discutant de projets futurs de manière précipitée.

**Pourquoi c'est un signal d'alarme :** Une relation saine évolue naturellement. La pression pour aller vite peut être un signe de manipulation, de désespoir, ou d'un manque de respect pour vos limites.

**Ce que cela peut indiquer :** Une personnalité envahissante, un besoin de contrôle, ou une insécurité sous-jacente.

---

## 6. Incohérences dans les Récits

**Description :** Des histoires qui changent ou des détails qui ne concordent pas, ce qui peut indiquer que la personne n'est pas honnête ou transparente.

**Pourquoi c'est un signal d'alarme :** L'honnêteté est le fondement de toute relation. Si vous détectez des incohérences, cela pourrait signifier que la personne cache quelque chose ou manipule la vérité.

**Ce que cela peut indiquer :** Un potentiel mensonge, une tendance à embellir ou manipuler la réalité, ou un comportement non authentique.

---

### 7. Parler de Thèmes Sensibles de Manière Inappropriée

**Description :** Aborder des sujets sensibles tels que la politique, la religion ou le sexe de manière inappropriée ou trop tôt dans la relation.

**Pourquoi c'est un signal d'alarme :** Ces sujets nécessitent un certain niveau de confort et de respect mutuel pour être discutés sereinement. Les aborder trop tôt ou de manière agressive peut indiquer un manque de tact ou de respect.

**Ce que cela peut indiquer :** Une personnalité provocatrice, une tendance à tester les limites, ou un manque de respect pour les opinions et les sentiments des autres.

---

### 8. Incapacité à Gérer les Désaccords

**Description :** Réagir de manière excessive, se fermer ou devenir agressif(ve) lorsque vous exprimez une opinion différente.

**Pourquoi c'est un signal d'alarme :** Les désaccords sont normaux dans toute relation, mais la manière dont ils sont gérés est cruciale. Une incapacité à accepter les différences d'opinion peut indiquer des problèmes de communication à long terme.

**Ce que cela peut indiquer :** Un manque de maturité émotionnelle, une tendance au comportement passif-agressif ou à l'agressivité.

## 9. Comportement Contrôlant ou Possessif

**Description :** Poser des questions intrusives sur vos relations passées, vos habitudes quotidiennes ou vos amitiés dès le début de la relation.

**Pourquoi c'est un signal d'alarme :** Un comportement possessif ou contrôlant au début peut être un signe avant-coureur de comportements plus problématiques à l'avenir, comme la jalousie excessive ou la manipulation.

**Ce que cela peut indiquer :** Une tendance à la domination, des insécurités profondes, ou un potentiel pour des comportements abusifs.

## 10. Absence de Respect des Limites Personnelles

**Description :** Ignorer vos limites physiques ou émotionnelles, que ce soit en faisant des avances non souhaitées ou en insistant pour discuter de sujets personnels.

**Pourquoi c'est un signal d'alarme :** Le respect des limites est fondamental pour une relation saine. Si une personne ne respecte pas vos limites, cela pourrait indiquer un manque de respect ou une attitude égoïste.

**Ce que cela peut indiquer :** Un manque de considération pour vos sentiments, une tendance à l'égoïsme, ou une incapacité à établir des relations saines.

---

## Conclusion

Repérer ces signaux d'alarme dès les premiers rendez-vous peut vous aider à protéger votre bien-être émotionnel et à éviter de vous engager dans une relation qui pourrait être néfaste à long terme. Faire preuve de vigilance, tout en restant ouvert(e) et optimiste, vous permet de naviguer plus sereinement dans le monde des rencontres et de trouver une personne qui respecte et partage vos valeurs.

# Astuces pour Maintenir l'Étincelle dans une Relation à Long Terme

Les relations à long terme sont souvent perçues comme des voyages qui évoluent avec le temps. Au fil des années, il est normal que l'intensité de la passion initiale se transforme en une affection plus profonde et stable. Cependant, maintenir cette étincelle vivante est essentiel pour éviter que la routine ne prenne le dessus. Voici quelques astuces pour raviver et préserver l'étincelle dans une relation à long terme.

---

## 1. Prioriser la Communication Ouverte et Honnête

**Description :** Une communication claire, honnête, et régulière est la clé pour maintenir une connexion émotionnelle forte.

**Pourquoi c'est important :** Exprimer vos sentiments, vos désirs, et vos préoccupations permet de résoudre les problèmes avant qu'ils ne deviennent trop importants. Cela renforce également la confiance et la compréhension mutuelle.

**Astuces :**

- Planifiez des moments dédiés à la discussion, comme une soirée chaque semaine pour parler de vos émotions, de vos attentes, et de vos rêves.

- Ne laissez pas les petites frustrations s'accumuler. Abordez les conflits de manière respectueuse et constructive.

---

## 2. Garder une Dose de Mystère

**Description :** Ne pas tout dévoiler de soi d'un coup peut maintenir une part de mystère et de curiosité dans la relation.

**Pourquoi c'est important :** La découverte progressive de l'autre est un processus excitant qui peut raviver l'intérêt et l'intrigue, même après des années passées ensemble.

**Astuces :**

- Surprenez votre partenaire de temps en temps avec de petites attentions ou en essayant quelque chose de nouveau.

- Gardez certaines passions ou projets personnels pour vous, à partager au moment opportun.

---

### 3. Planifier des Rendez-Vous Réguliers

**Description :** Consacrer du temps de qualité ensemble, loin des distractions du quotidien, est essentiel pour nourrir la relation.

**Pourquoi c'est important :** Les rendez-vous réguliers aident à maintenir l'intimité et la connexion, en rappelant pourquoi vous êtes tombés amoureux.

**Astuces :**

- Essayez de nouvelles activités ensemble, comme un cours de cuisine, une randonnée, ou une soirée cinéma à thème.

- Variez les types de rendez-vous, des dîners romantiques aux sorties spontanées, pour garder les choses intéressantes.

## 4. Cultiver des Passions Partagées

**Description :** Avoir des intérêts communs aide à renforcer le lien entre vous en vous donnant des expériences partagées.

**Pourquoi c'est important :** Les activités partagées renforcent la complicité et permettent de passer du temps ensemble de manière agréable.

**Astuces :**

- Identifiez des activités que vous aimez tous les deux, que ce soit le sport, le bricolage, ou même un projet commun.

- Prenez le temps d'explorer de nouveaux hobbies ensemble pour découvrir de nouvelles passions.

## 5. Encourager l'Espace Personnel

**Description :** Donner à chacun l'espace pour cultiver ses propres intérêts et passions est crucial pour maintenir une relation équilibrée.

**Pourquoi c'est important :** L'indépendance au sein d'une relation prévient la routine et permet à chacun de grandir individuellement, ce qui peut apporter de nouvelles perspectives et énergies dans la relation.

**Astuces :**

- Respectez les moments de solitude de votre partenaire, qu'il s'agisse de pratiquer un hobby ou de se détendre seul(e).

- Encouragez-vous mutuellement à suivre vos propres passions et à réaliser des objectifs personnels.

---

## 6. Surprendre Votre Partenaire avec des Petites Attentions

**Description :** Les surprises et les petites attentions aident à maintenir l'élément de spontanéité dans la relation.

**Pourquoi c'est important :** Elles montrent que vous pensez toujours à l'autre et que vous tenez à maintenir une certaine fraîcheur dans votre relation.

**Astuces :**

- Laissez une note d'amour dans un endroit inattendu, offrez un petit cadeau sans occasion particulière, ou planifiez une sortie surprise.

- Recherchez de nouvelles façons de surprendre votre partenaire, même avec des gestes simples comme préparer son plat préféré.

---

## 7. Redécouvrir l'Intimité Physique

**Description :** L'intimité physique ne se limite pas au sexe, mais inclut aussi les gestes tendres quotidiens qui maintiennent le lien physique.

**Pourquoi c'est important :** Maintenir une connexion physique régulière aide à garder l'intimité et la passion vivantes.

**Astuces :**

- Pratiquez de petites démonstrations d'affection comme se tenir la main, s'embrasser en se disant bonjour ou au revoir, et se faire des câlins régulièrement.

- Explorez ensemble de nouvelles façons d'intensifier votre intimité, que ce soit à travers des massages, des jeux de rôles, ou simplement en prenant le temps de vous reconnecter physiquement.

---

## 8. Revivre Vos Souvenirs Partagés

**Description :** Revisiter les moments marquants de votre relation peut raviver des émotions positives et renforcer votre connexion.

**Pourquoi c'est important :** Cela permet de se rappeler des raisons pour lesquelles vous vous êtes choisis et des moments de bonheur que vous avez partagés.

**Astuces :**

- Feuilletez ensemble un album photo ou revoyez les photos et vidéos de vos vacances passées.

- Revisitez les lieux de vos premiers rendez-vous ou refaites des activités qui vous ont marqués au début de votre relation.

---

## 9. Travailler Ensemble pour surmonter les Défis

**Description :** Faire face aux défis ensemble, plutôt que séparément, renforce le partenariat et la solidarité au sein du couple.

**Pourquoi c'est important :** Traverser les moments difficiles ensemble solidifie le lien et prouve que vous pouvez compter l'un sur l'autre.

**Astuces :**

- Abordez les problèmes comme une équipe, en cherchant des solutions ensemble et en soutenant mutuellement vos efforts.

- Célébrez vos réussites ensemble, même les plus petites, pour renforcer votre sentiment de réussite commune.

---

## 10. Pratiquer la Gratitude Quotidienne

**Description :** Exprimer régulièrement votre reconnaissance envers votre partenaire peut transformer la dynamique de la relation.

**Pourquoi c'est important :** La gratitude aide à valoriser l'autre et à renforcer les aspects positifs de la relation, même lors des périodes difficiles.

**Astuces :**

- Faites un effort conscient pour remercier votre partenaire pour les petites choses qu'il/elle fait au quotidien.

- Prenez l'habitude de partager ce que vous appréciez chez l'autre, que ce soit en mots ou en actions.

---

## Conclusion

Maintenir l'étincelle dans une relation à long terme demande de l'effort, de la créativité, et un engagement mutuel à nourrir la relation. En intégrant ces astuces dans votre vie quotidienne, vous pouvez non seulement préserver l'amour et la passion, mais aussi approfondir la connexion et la complicité entre vous. Rappelez-vous que l'amour est un voyage continu, où chaque petite action compte pour garder la flamme vivante.

## Ce que les Femmes de 30+ Veulent Vraiment dans une Relation

À mesure que les femmes avancent dans la trentaine, leurs perspectives et attentes vis-à-vis des relations évoluent. Elles ont souvent une meilleure compréhension de qui elles sont, de ce qu'elles veulent, et de ce qu'elles ne sont plus prêtes à accepter. Voici un aperçu des désirs et besoins courants des femmes de 30 ans et plus dans une relation.

---

### 1. Authenticité et Honnêteté

**Description :** À 30 ans et plus, les femmes recherchent des relations basées sur la transparence et la sincérité.

**Pourquoi c'est important :** Après avoir peut-être fait l'expérience de relations superficielles ou de déceptions, elles veulent une connexion authentique où elles peuvent être elles-mêmes sans masque ni artifice.

**Ce qu'elles attendent :**

- Un partenaire qui ne cache pas ses intentions ou ses sentiments.

- La possibilité de discuter ouvertement de sujets importants, sans crainte de jugement ou de répercussions négatives.

---

### 2. Stabilité Émotionnelle et Maturité

**Description :** Les femmes de 30 ans et plus valorisent un partenaire qui a une bonne maîtrise de ses émotions et qui sait faire face aux défis avec maturité.

**Pourquoi c'est important :** Elles cherchent à éviter les drames et les comportements immatures qui peuvent être épuisants et destructeurs à long terme.

**Ce qu'elles attendent :**

- Un partenaire capable de gérer les désaccords de manière respectueuse et constructive.

- Une relation où les émotions sont exprimées de manière saine et où le soutien émotionnel est réciproque.

---

### 3. Complicité et Connexion Intellectuelle

**Description :** La connexion intellectuelle et émotionnelle est primordiale pour les femmes de cette tranche d'âge, qui cherchent un partenaire avec qui elles peuvent échanger et grandir ensemble.

**Pourquoi c'est important :** Partager des intérêts, des valeurs et une vision de la vie crée une base solide pour une relation durable et épanouissante.

**Ce qu'elles attendent :**

- Des conversations stimulantes qui vont au-delà des banalités du quotidien.

- Une compréhension mutuelle et un partage d'objectifs et de rêves à long terme.

## 4. Respect de l'Indépendance et de l'Espace Personnel

**Description :** Les femmes de 30 ans et plus apprécient un partenaire qui respecte leur indépendance et leur besoin d'espace personnel.

**Pourquoi c'est important :** Elles ont souvent construit leur propre vie, avec des passions et des cercles sociaux qui leur sont propres, et ne veulent pas renoncer à cette autonomie.

**Ce qu'elles attendent :**

- Un équilibre entre la vie de couple et la vie individuelle, où chacun a le temps de poursuivre ses propres intérêts.

- Un partenaire qui soutient leurs aspirations personnelles et qui les encourage à être autonomes.

---

## 5. Partenariat Égalitaire

**Description :** Les femmes de cette tranche d'âge recherchent un partenariat basé sur l'égalité, où les responsabilités et les décisions sont partagées équitablement.

**Pourquoi c'est important :** Elles veulent être considérées comme des égales dans tous les aspects de la relation, que ce soit au niveau des finances, des tâches ménagères ou des décisions de vie.

**Ce qu'elles attendent :**

- Une répartition équilibrée des tâches et des responsabilités, sans rôle prédéfini en fonction du genre.

- Un soutien mutuel dans les projets personnels et professionnels.

---

## 6. Compatibilité Sexuelle et Intimité

**Description :** Une vie sexuelle épanouie et une intimité émotionnelle sont cruciales pour les femmes de 30 ans et plus.

**Pourquoi c'est important :** Elles cherchent à maintenir une connexion physique et émotionnelle avec leur partenaire, ce qui est essentiel pour la satisfaction à long terme.

### Ce qu'elles attendent :

- Une communication ouverte sur les désirs et les besoins sexuels.

- Un engagement à maintenir la passion et l'intimité dans la relation.

---

## 7. Fiabilité et Loyauté

**Description :** Les femmes de 30 ans et plus cherchent un partenaire fiable et loyal, sur qui elles peuvent compter dans toutes les situations.

**Pourquoi c'est important :** La confiance est le pilier de toute relation, et à ce stade de la vie, les femmes veulent un partenaire qui soit une ancre, quelqu'un de constant et de fidèle.

**Ce qu'elles attendent :**

- Un engagement sincère à être présent dans les bons comme dans les mauvais moments.

- Une relation où la fidélité et l'engagement mutuel sont valorisés.

---

## 8. Partage des Valeurs et des Objectifs de Vie

**Description :** Les valeurs partagées et les objectifs communs sont essentiels pour construire une relation solide et durable.

**Pourquoi c'est important :** Avoir une vision alignée de la vie, que ce soit sur des sujets comme la famille, la carrière ou les finances, réduit les conflits potentiels et renforce la relation.

**Ce qu'elles attendent :**

- Des discussions ouvertes sur les valeurs importantes et les objectifs de vie.

- Un engagement à travailler ensemble pour atteindre ces objectifs communs.

---

## 9. Engagement pour la Croissance Personnelle

**Description :** Les femmes de cette tranche d'âge sont souvent orientées vers la croissance personnelle et cherchent un partenaire qui partage cet engagement.

**Pourquoi c'est important :** La capacité à évoluer et à s'améliorer ensemble est essentielle pour une relation dynamique et épanouissante.

**Ce qu'elles attendent :**

- Un partenaire qui encourage leur développement personnel et qui est aussi investi dans sa propre croissance.

- Un environnement relationnel où l'apprentissage et l'amélioration sont valorisés.

---

### 10. Capacité à S'amuser et à Profiter de la Vie Ensemble

**Description :** Bien que les femmes de 30 ans et plus recherchent des aspects sérieux dans une relation, elles veulent aussi un partenaire avec qui elles peuvent s'amuser et profiter de la vie.

**Pourquoi c'est important :** Maintenir la légèreté et l'humour dans une relation aide à renforcer les liens et à surmonter les défis ensemble.

**Ce qu'elles attendent :**

- Un partenaire qui partage leur sens de l'humour et avec qui elles peuvent créer des souvenirs joyeux.

- Une relation où les moments de plaisir et de spontanéité sont fréquents.

---

## Conclusion

Les femmes de 30 ans et plus ont souvent une vision plus claire de ce qu'elles attendent d'une relation. Elles cherchent un partenaire qui partage leurs valeurs, respecte leur indépendance, et est prêt à construire une vie ensemble basée sur la confiance, la complicité, et la croissance mutuelle. Ces attentes, loin d'être des exigences, sont le reflet de leur désir d'une relation épanouissante et authentique, où elles peuvent être elles-mêmes tout en étant aimées et respectées pour ce qu'elles sont.

**Comment Parler Ouvertement de Ses Attentes dès le Début**

Aborder ses attentes dans une relation dès les premières étapes peut sembler intimidant, mais c'est essentiel pour établir une base solide et éviter les malentendus à l'avenir. Voici un guide pour vous aider à parler de vos attentes de manière ouverte et honnête dès le début d'une relation.

---

**1. Choisir le Bon Moment**

**Description :** Parler de vos attentes nécessite un moment où vous et votre partenaire êtes détendus et réceptifs.

**Conseils :**

- Évitez d'aborder ces sujets lors des premiers rendez-vous ou dans des moments stressants.

- Attendez que la relation commence à se développer et que vous vous sentiez tous les deux à l'aise l'un avec l'autre.

- Un bon moment pourrait être après quelques rendez-vous, lorsque vous avez déjà établi un certain niveau de confort et de confiance.

---

**2. Commencer par Partager Vos Valeurs**

**Description :** Discuter des valeurs fondamentales permet de créer une base pour aborder les attentes relationnelles.

**Conseils :**

- Parlez de ce qui est important pour vous dans la vie, comme la famille, la carrière, ou la croissance personnelle.

- Demandez à votre partenaire ce qui compte le plus pour lui/elle, ce qui ouvrira la porte à une conversation sur vos attentes respectives.

- Par exemple, "La famille est très importante pour moi, j'aimerais savoir ce que tu en penses."

---

### 3. Soyez Claire et Directe

**Description :** Évitez de tourner autour du pot. Exprimez vos attentes clairement et sans ambiguïté.

**Conseils :**

- Utilisez des phrases comme "Pour moi, il est important de..." ou "J'aimerais que notre relation soit basée sur...".

- Évitez les généralités et soyez spécifique sur ce que vous attendez. Par exemple, "J'apprécie les relations où la communication est ouverte et régulière."

- Parler en termes positifs aide aussi à éviter que la conversation ne soit perçue comme une critique.

---

### 4. Soyez Ouverte à l'Écoute

**Description :** Aborder vos attentes n'est pas un monologue, c'est une conversation. Soyez prête à écouter les attentes de votre partenaire aussi.

**Conseils :**

- Après avoir partagé vos attentes, demandez à votre partenaire de partager les siennes : "Et toi, qu'attends-tu d'une relation ?"

- Montrez que vous êtes prête à comprendre ses besoins et ses valeurs, même s'ils diffèrent des vôtres.

- La réciprocité est essentielle pour créer un dialogue ouvert et honnête.

## 5. Parlez de Vos Expériences Passées

**Description :** Partager vos expériences passées peut aider à expliquer pourquoi certaines attentes sont importantes pour vous.

**Conseils :**

- Mentionnez ce que vous avez appris de vos relations précédentes, sans entrer dans trop de détails personnels ou négatifs.

- Par exemple, "Dans le passé, j'ai appris que la transparence est cruciale pour moi. Ça m'aide à me sentir en sécurité dans une relation."

- Cela permet de contextualiser vos attentes et d'en montrer l'importance dans votre vie actuelle.

## 6. Restez Authentique et Vulnérable

**Description :** Être authentique et montrer une certaine vulnérabilité peut renforcer la confiance et l'intimité.

**Conseils :**

- Ne cachez pas vos désirs par peur de paraître exigeante. Exprimer vos besoins est un signe de maturité.

- Admettez vos craintes ou vos incertitudes, cela montre que vous êtes humaine et prête à construire une relation authentique.

- Par exemple, "Je sais que c'est peut-être un peu tôt pour en parler, mais il est important pour moi de savoir si nous sommes sur la même longueur d'onde."

---

## 7. Abordez les Sujets Sensibles avec Tact

**Description :** Certaines attentes peuvent toucher à des sujets sensibles, comme le mariage, les enfants, ou la fidélité. Abordez-les avec délicatesse.

**Conseils :**

- Introduisez ces sujets progressivement, en fonction de l'évolution de la relation.

- Posez des questions ouvertes pour inviter votre partenaire à partager ses pensées, comme "Quelle est ta vision du futur en termes de relation ?"

- Soyez prête à entendre une réponse qui pourrait ne pas correspondre exactement à vos attentes, et à discuter de manière constructive.

## 8. Ne Faites Pas d'Hypothèses

**Description :** Ne présumez pas que votre partenaire comprend vos attentes sans que vous les ayez exprimées clairement.

**Conseils :**

- Exprimez clairement vos attentes sans attendre que l'autre devine ce que vous ressentez ou pensez.

- Par exemple, si la fidélité est primordiale pour vous, dites-le explicitement plutôt que de supposer que c'est évident.

- Clarifier dès le début évite les malentendus et les déceptions à long terme.

## 9. Restez Flexible et Ouverte au Changement

**Description :** Les attentes peuvent évoluer avec le temps. Soyez prête à ajuster vos attentes en fonction de l'évolution de la relation.

**Conseils :**

- Admettez que certaines de vos attentes pourraient changer au fur et à mesure que vous apprenez à mieux connaître votre partenaire.

- Soyez ouverte à la possibilité de faire des compromis sans pour autant sacrifier vos valeurs essentielles.

- Par exemple, "Je pensais que je voulais X, mais en te connaissant mieux, je réalise que Y pourrait aussi être une option viable."

## 10. Suivez la Conversation avec des Actions

**Description :** Une fois les attentes discutées, il est important de les intégrer dans votre relation quotidienne.

**Conseils :**

- Soyez cohérente entre ce que vous dites et ce que vous faites. Si vous avez exprimé l'importance de la communication, assurez-vous de maintenir un dialogue ouvert et fréquent.

- Montrez à votre partenaire que vous prenez en compte ses attentes également, en intégrant ce qui a été discuté dans votre comportement.

- Cela renforce la confiance et montre que vous prenez la relation au sérieux.

## Conclusion

Parler ouvertement de vos attentes dès le début d'une relation peut poser des bases solides pour une relation saine et durable. Cela peut sembler intimidant, mais en abordant la conversation avec honnêteté, respect, et ouverture d'esprit, vous créez un environnement où les deux partenaires se sentent entendus et compris. Une communication claire dès le départ est la clé pour éviter les malentendus et pour bâtir une relation qui répond aux besoins des deux parties.

## Red Flags en Ligne : Comment les Repérer sur les Applis de Rencontres

Les applications de rencontres peuvent être un excellent moyen de rencontrer de nouvelles personnes, mais elles présentent aussi des risques. Il est essentiel de savoir repérer les "red flags" (signaux d'alerte) pour éviter les déceptions ou, pire, les situations dangereuses. Voici un guide pour identifier les red flags en ligne et naviguer dans le monde des rencontres virtuelles en toute sécurité.

---

### 1. Profil Trop Parfait ou Trop Vague

**Description :** Un profil qui semble trop parfait ou, au contraire, très vague peut cacher quelque chose.

**Pourquoi c'est un red flag :** Les profils trop parfaits peuvent être des arnaques ou des tentatives de manipulation. Les profils vagues peuvent indiquer que la personne n'est pas sérieuse ou qu'elle cache des informations.

**Comment repérer ce red flag :**

- Soyez méfiante si les photos sont trop professionnelles, sans imperfections, ou semblent tirées d'une banque d'images.

- Un profil qui ne fournit que peu de détails personnels ou qui est rempli de clichés ("J'aime les couchers de soleil", "Je suis ici pour rencontrer des gens sympas") peut indiquer un manque de sincérité.

---

## 2. Manque de Photos ou Photos Non Authentiques

**Description :** Un profil avec peu de photos, ou des photos qui semblent retouchées ou trop parfaites, peut être un signal d'alerte.

**Pourquoi c'est un red flag :** Les photos sont un moyen essentiel de vérifier l'authenticité d'une personne. Un manque de photos ou des photos non authentiques peuvent indiquer une fausse identité.

### Comment repérer ce red flag :

- Si une personne a une seule photo ou si ses photos sont floues, de mauvaise qualité ou semblent trop professionnelles, soyez prudente.

- Faites une recherche d'images inversées pour voir si les photos sont tirées d'internet ou appartiennent à quelqu'un d'autre.

---

## 3. Refus de Communiquer en Dehors de l'Appli

**Description :** Si la personne refuse de communiquer en dehors de l'application après un certain temps, cela peut être un signal d'alerte.

**Pourquoi c'est un red flag :** Une personne sérieuse est généralement prête à passer à un autre moyen de communication (SMS, appel téléphonique, visioconférence) après avoir établi une certaine confiance.

**Comment repérer ce red flag :**

- Si, après plusieurs échanges, la personne évite de vous donner son numéro de téléphone ou de passer à une autre plateforme, cela peut indiquer qu'elle cache quelque chose.

- Méfiez-vous aussi des excuses répétées pour ne pas passer à une communication plus directe.

---

## 4. Pression pour Rencontrer Rapidement

**Description** : Une personne qui pousse pour une rencontre rapide sans établir une connexion suffisante peut être un danger potentiel.

**Pourquoi c'est un red flag :** Cela peut indiquer que la personne est pressée pour des raisons qui ne sont pas forcément dans votre intérêt (par exemple, escroquerie, manque de sérieux, ou même danger physique).

**Comment repérer ce red flag :**

- Si quelqu'un insiste pour vous rencontrer très rapidement, surtout dans des circonstances peu sécurisées, comme chez vous ou chez lui/elle, soyez prudente.

- Faites attention aux personnes qui évitent les discussions prolongées ou qui semblent désintéressées par l'idée de vous connaître avant de vous voir en personne.

---

## 5. Incohérences dans les Informations

**Description** : Des incohérences dans les détails fournis par la personne sont un signal d'alerte important.

**Pourquoi c'est un red flag** : Les personnes mal intentionnées ou non sérieuses peuvent mentir ou embellir leur vie, et les incohérences sont souvent un indice de ces mensonges.

**Comment repérer ce red flag :**

- Faites attention si la personne donne des informations contradictoires sur sa vie, son travail, ou ses activités. Par exemple, quelqu'un qui dit être souvent en voyage pour le travail mais qui est toujours disponible pour discuter.

- Posez des questions ouvertes et voyez si les réponses sont cohérentes avec ce qui a été dit précédemment.

---

## 6. Discussion Trop Axée sur le Sexe

**Description** : Si quelqu'un oriente rapidement la conversation vers des sujets sexuels, surtout sans que vous n'ayez montré d'intérêt, c'est un red flag.

**Pourquoi c'est un red flag** : Cela peut indiquer que la personne n'est pas intéressée par une relation sérieuse, mais cherche plutôt une aventure d'un soir ou pourrait même être une personne dangereuse.

**Comment repérer ce red flag :**

- Si les discussions deviennent rapidement inappropriées ou si la personne vous envoie des photos intimes sans votre consentement, c'est un signe évident de manque de respect.

- Faites attention à ceux qui insistent pour échanger des photos explicites ou pour parler de sexe sans considération pour vos limites.

---

## 7. Comportement Contrôlant ou Manipulateur

**Description** : Un comportement excessivement jaloux, contrôlant ou manipulatif dès le début est un sérieux signal d'alarme.

**Pourquoi c'est un red flag** : Ce type de comportement peut indiquer des tendances toxiques ou abusives qui peuvent s'aggraver avec le temps.

**Comment repérer ce red flag** :

- Si la personne cherche à connaître tous les détails de votre vie personnelle rapidement ou semble possessive après peu de temps, c'est un signe de comportement malsain.

- Les tentatives de vous culpabiliser ou de vous manipuler émotionnellement sont aussi des indicateurs de comportement manipulateur.

---

## 8. Demande de Transfert d'Argent ou D'informations Personnelles

**Description** : Toute demande d'argent ou d'informations personnelles sensibles (comme votre adresse, vos coordonnées bancaires) est un énorme signal d'alerte.

**Pourquoi c'est un red flag** : Les escroqueries sur les applis de rencontres sont courantes, et les demandes d'argent ou d'informations sensibles sont souvent les premiers signes.

**Comment repérer ce red flag :**

- Si quelqu'un vous demande de l'argent pour un soi-disant "problème urgent" ou veut que vous partagiez des informations personnelles, c'est un signe clair qu'il faut rompre tout contact.

- Même si la personne donne l'impression d'avoir bâti une connexion émotionnelle, méfiez-vous de toute demande d'aide financière.

---

### 9. Reticence à Partager des Détails Personnels

**Description** : Si la personne évite de répondre à des questions simples sur sa vie personnelle ou si elle reste vague, cela peut être un signe d'alarme.

**Pourquoi c'est un red flag** : Cela peut indiquer que la personne cache quelque chose, comme une double vie, un autre engagement romantique, ou même une fausse identité.

**Comment repérer ce red flag :**

- Faites attention aux réponses évasives ou aux changements de sujet fréquents lorsqu'ils sont questionnés sur des aspects de leur vie (travail, lieu de vie, famille).

- Méfiez-vous des personnes qui refusent de partager des détails basiques, comme leur vrai prénom ou leur lieu de résidence.

---

## 10. Trop Beau pour Être Vrai

**Description :** Si la relation évolue de manière étonnamment rapide ou si la personne semble répondre exactement à toutes vos attentes sans aucune divergence, c'est un signal d'alerte.

**Pourquoi c'est un red flag :** Les escrocs ou les personnes mal intentionnées peuvent essayer de créer une illusion parfaite pour gagner votre confiance rapidement.

**Comment repérer ce red flag :**

- Soyez méfiante si tout semble trop parfait, surtout si la personne commence à exprimer des sentiments forts ou à faire de grandes promesses très tôt.

- Prenez le temps de vraiment connaître la personne au-delà de la façade qu'elle pourrait présenter.

---

### Conclusion

Les rencontres en ligne peuvent mener à de belles histoires, mais il est essentiel de rester vigilant(e) et d'être à l'écoute des red flags pour protéger votre bien-être émotionnel et votre sécurité. En sachant repérer ces signes d'alerte, vous pouvez naviguer dans le monde des applications de rencontres avec plus de confiance et de discernement. N'oubliez jamais de faire confiance à votre instinct : si quelque chose vous semble étrange ou inconfortable, il est préférable de prendre du recul et de réévaluer la situation.

## Comment Gérer le "Ghosting" après 30 Ans

Le "ghosting" est un phénomène de plus en plus courant dans les rencontres en ligne et dans les relations modernes, où une personne coupe soudainement toute communication sans explication. Pour les femmes de plus de 30 ans, ce comportement peut être particulièrement difficile à gérer. Voici un guide pour comprendre le "ghosting", ses impacts émotionnels et comment y faire face de manière saine et constructive.

---

### 1. Comprendre ce Qu'est le "Ghosting"

**Description :** Le "ghosting" se produit lorsqu'une personne avec qui vous aviez une relation ou des échanges réguliers disparaît soudainement sans explication ni communication.

**Pourquoi c'est important :** Comprendre le "ghosting" comme un phénomène commun et souvent lié au manque de maturité ou à la peur d'affronter des conversations difficiles peut vous aider à ne pas le prendre trop personnellement.

**Conseils :**

- Le "ghosting" peut se produire à n'importe quelle étape d'une relation, que ce soit après quelques échanges en ligne ou après plusieurs mois de fréquentation.

- Reconnaître que le "ghosting" est souvent plus révélateur des insécurités ou du manque de courage de l'autre personne peut vous aider à relativiser la situation.

---

### 2. Reconnaître et Accepter Vos Émotions

**Description :** Le "ghosting" peut provoquer des sentiments de confusion, de rejet, de colère et de tristesse.

**Pourquoi c'est important :** Il est crucial de reconnaître et d'accepter ces émotions pour les traiter de manière saine.

**Conseils :**

- Prenez le temps de ressentir ce que vous ressentez sans vous juger. Il est normal de se sentir blessée ou trahie.

- Parlez-en à des amis de confiance ou à un thérapeute pour verbaliser vos sentiments et obtenir du soutien.

- Écrire dans un journal peut aussi être une méthode efficace pour traiter vos émotions.

---

### 3. Ne Vous Blâmez Pas

**Description :** Après avoir été "ghostée", il est courant de se demander ce que vous avez fait de mal.

**Pourquoi c'est important :** Le "ghosting" est une action de l'autre personne, et vous n'êtes pas responsable de son manque de communication.

**Conseils :**

- Rappelez-vous que le "ghosting" reflète les faiblesses ou les difficultés de la personne qui part, et non votre valeur personnelle.

- Essayez de ne pas suranalyser chaque interaction passée. Le comportement de l'autre personne ne reflète pas nécessairement vos actions ou vos mérites.

- Concentrez-vous sur vos qualités et ce que vous apportez à une relation.

---

## 4. Donnez-vous la Permission de Tourner la Page

**Description :** Après un "ghosting", il peut être difficile de passer à autre chose, surtout si vous attendiez des explications ou une clôture.

**Pourquoi c'est important :** Attendre des réponses ou un retour peut vous laisser coincée dans l'incertitude et la frustration.

**Conseils :**

- Acceptez que vous ne recevrez peut-être jamais les réponses que vous cherchez, et c'est correct de passer à autre chose sans cela.

- Créez votre propre clôture en décidant que cette expérience ne vous définira pas ni n'affectera votre estime de vous-même.

- Engagez-vous à ne pas laisser cette expérience vous empêcher de continuer à rencontrer d'autres personnes.

---

## 5. Évitez de Recontacter la Personne

**Description :** Il peut être tentant d'envoyer un message pour demander des explications ou pour exprimer vos sentiments.

**Pourquoi c'est important :** Recontacter la personne qui vous a "ghostée" peut prolonger la douleur et vous exposer à un autre rejet ou à l'indifférence.

**Conseils :**

- Supprimez ou bloquez les moyens de contacter cette personne pour éviter toute tentation de recontact.

- Concentrez votre énergie sur des interactions positives et sur des personnes qui méritent votre temps et votre attention.

- Si vous ressentez le besoin de "dire quelque chose", écrivez une lettre que vous ne comptez pas envoyer pour exprimer vos sentiments.

---

## 6. Reprenez Confiance en Vous

**Description :** Le "ghosting" peut ébranler votre confiance en vous et en votre capacité à juger les autres.

**Pourquoi c'est important :** Reconstruire votre confiance en vous est essentiel pour ne pas laisser cette expérience affecter vos futures relations.

**Conseils :**

- Rappelez-vous de vos réussites et des aspects positifs de votre vie en dehors des relations amoureuses.

- Entourez-vous de personnes qui vous apprécient et qui renforcent votre estime de vous-même.

- Engagez-vous dans des activités qui vous apportent de la joie et du sens, qu'il s'agisse de votre carrière, de vos hobbies ou de projets personnels.

## 7. Soyez Ouverte aux Nouvelles Rencontres

**Description :** Le "ghosting" peut rendre méfiante à l'idée de rencontrer de nouvelles personnes, mais il est important de rester ouverte.

**Pourquoi c'est important :** Fermer votre cœur après une mauvaise expérience peut vous priver de belles opportunités de connexion.

**Conseils :**

- Prenez le temps dont vous avez besoin pour vous remettre, mais n'hésitez pas à réessayer lorsque vous vous sentez prête.

- Apprenez de cette expérience pour mieux repérer les signes de quelqu'un qui n'est pas prêt pour une relation sérieuse.

- Soyez patiente avec vous-même et laissez les choses évoluer naturellement sans vous précipiter.

---

## 8. Établissez des Limites et des Attentes Claires

**Description :** Fixer des limites claires dès le début des futures relations peut vous aider à éviter le "ghosting" ou à mieux le gérer.

**Pourquoi c'est important :** Avoir des attentes claires permet de filtrer les personnes qui ne sont pas sérieuses ou qui ne respectent pas vos besoins émotionnels.

**Conseils :**

- Soyez ouverte et honnête sur ce que vous recherchez et attendez de l'autre personne en retour.

- N'ayez pas peur de poser des questions directes sur les intentions de l'autre personne et de réévaluer la relation si quelque chose vous met mal à l'aise.

- Respectez vos propres limites et ne laissez personne les franchir sans conséquence.

---

## 9. Apprenez à Lâcher Prise

**Description :** Lâcher prise sur une situation que vous ne pouvez pas contrôler est une compétence essentielle pour surmonter le "ghosting".

**Pourquoi c'est important :** Accepter que certaines choses échappent à votre contrôle vous permet de vous concentrer sur ce que vous pouvez changer : votre réaction et votre bien-être.

**Conseils :**

- Pratiquez la pleine conscience ou la méditation pour vous aider à vous recentrer sur le moment présent et à laisser partir les pensées négatives.

- Adoptez un état d'esprit de croissance en voyant cette expérience comme une leçon, plutôt que comme une défaite.

- Entourez-vous d'un réseau de soutien qui vous rappelle que vous êtes digne d'amour et de respect.

---

## 10. Transformez l'Expérience en Opportunité de Croissance

**Description :** Utilisez cette expérience de "ghosting" comme une opportunité pour mieux vous connaître et affiner ce que vous voulez vraiment dans une relation.

**Pourquoi c'est important :** Chaque expérience, même négative, peut offrir des leçons précieuses sur soi-même et sur les autres.

**Conseils :**

- Réfléchissez à ce que cette expérience vous a appris sur vos besoins, vos limites et vos désirs dans une relation.

- Utilisez ces leçons pour renforcer votre résilience et votre clarté dans les relations futures.

- Adoptez une perspective positive : le "ghosting" vous a peut-être épargné une relation avec quelqu'un qui n'était pas aligné avec vos valeurs ou vos attentes.

---

## Conclusion

Gérer le "ghosting" après 30 ans peut être un défi émotionnel, mais avec les bonnes stratégies et le soutien nécessaire, il est possible de surmonter cette épreuve et de continuer à chercher des relations qui méritent vraiment votre temps et votre énergie. En apprenant à reconnaître vos émotions, à maintenir votre estime de vous-même et à rester ouverte aux nouvelles expériences, vous pourrez transformer le "ghosting" en une leçon de croissance personnelle.

## Exercices pour Booster sa Confiance en Soi Avant un Rendez-Vous

Se préparer mentalement et physiquement avant un rendez-vous est essentiel pour se sentir à l'aise et confiant. Voici des exercices pratiques et concrets pour renforcer votre confiance en vous avant de rencontrer quelqu'un de spécial.

---

### 1. Pratiquez Votre "Power Pose"

**Description :** Une "power pose" est une posture qui vous fait sentir puissant et confiant.

**Pourquoi c'est efficace :** Des études montrent que certaines postures peuvent effectivement augmenter votre niveau de confiance en vous en influençant votre chimie corporelle.

**Comment faire :**

- Tenez-vous debout, les pieds écartés à la largeur des épaules, les mains sur les hanches ou levées en V au-dessus de la tête, comme si vous veniez de remporter une victoire.

- Maintenez cette posture pendant 2 minutes en respirant profondément.

- Pratiquez cette pose juste avant de partir pour votre rendez-vous ou même quelques heures avant pour installer un état d'esprit confiant.

---

### 2. Faites un Peu d'Exercice Physique

**Description :** Un court exercice physique peut être un excellent moyen de relâcher la tension et de booster votre confiance en vous.

**Pourquoi c'est efficace :** L'exercice libère des endorphines, des hormones qui favorisent la bonne humeur, tout en réduisant le stress et l'anxiété.

**Comment faire :**

- Faites une série de pompes, de squats, ou une petite séance de cardio (comme sauter à la corde ou courir sur place) pour réveiller votre corps.

- Si vous avez le temps, optez pour une courte session de sport que vous aimez, comme le yoga (même sans méditation) ou la danse.

- L'objectif est de vous sentir énergique et dynamique avant de vous préparer pour le rendez-vous.

---

### 3. Pratiquez Votre Entrée

**Description :** Répétez la manière dont vous allez entrer dans l'endroit du rendez-vous pour vous sentir plus à l'aise.

**Pourquoi c'est efficace :** Visualiser et pratiquer votre arrivée peut réduire l'anxiété liée aux premières impressions et à l'inconnu.

**Comment faire :**

- Choisissez votre entrée : souriante, détendue, avec une posture droite.

- Entraînez-vous à entrer dans une pièce en marchant lentement, en maintenant un contact visuel, et en saluant d'une manière confiante et amicale.

- Répétez plusieurs fois devant un miroir pour vous habituer à cette première interaction.

---

## 4. Préparez-vous un Discours Mental Positif

**Description :** Préparez quelques phrases positives que vous vous répéterez avant et pendant le rendez-vous.

**Pourquoi c'est efficace :** Se parler à soi-même de manière positive peut réduire les pensées négatives et renforcer votre confiance en vous.

**Comment faire :**

- Avant le rendez-vous, répétez des affirmations telles que "Je suis intéressant(e) et amusant(e)", "Je mérite une relation authentique", ou "Je suis confiant(e) et à l'aise".

- Pendant le rendez-vous, si vous ressentez de l'anxiété, rappelez-vous mentalement ces affirmations.

- Adoptez une phrase de motivation que vous pouvez murmurer discrètement pour vous recentrer si vous vous sentez nerveux(se).

---

## 5. Entraînez-vous à une Conversation

**Description :** Entraînez-vous à avoir une conversation détendue sur différents sujets que vous pourriez aborder pendant le rendez-vous.

**Pourquoi c'est efficace :** Cela réduit le stress lié à l'interaction sociale et vous prépare à parler avec fluidité.

**Comment faire :**

- Imaginez des scénarios de conversation, et répétez à haute voix ce que vous pourriez dire.

- Pratiquez les questions que vous aimeriez poser à votre partenaire et préparez quelques anecdotes ou histoires personnelles qui sont positives et amusantes.

- Si possible, simulez un rendez-vous avec un(e) ami(e) pour vous sentir plus à l'aise.

---

## 6. Soignez Votre Apparence

**Description :** Prenez le temps de vous habiller et de vous préparer de manière à vous sentir confiant(e) et à l'aise.

**Pourquoi c'est efficace :** Se sentir bien dans sa peau augmente naturellement la confiance en soi.

**Comment faire :**

- Choisissez une tenue qui vous met en valeur et dans laquelle vous vous sentez confortable.

- Soignez les détails : une bonne coupe de cheveux, des chaussures propres, et des accessoires simples mais élégants peuvent faire la différence.

- Mettez un parfum que vous aimez, cela peut aussi ajouter une touche de confiance supplémentaire.

---

## 7. Écoutez de la Musique Motivante

**Description :** Écoutez une playlist de musique qui vous donne de l'énergie et vous met de bonne humeur avant de sortir.

**Pourquoi c'est efficace :** La musique a un impact direct sur nos émotions et peut instantanément améliorer votre humeur et votre confiance en vous.

**Comment faire :**

- Créez une playlist de chansons qui vous font sentir puissant(e), heureux(se), ou énergique.

- Écoutez cette musique en vous préparant pour le rendez-vous ou en chemin vers le lieu de rencontre.

- Chantez ou dansez en écoutant ces morceaux pour relâcher les tensions et vous mettre dans un état d'esprit positif.

---

## 8. Engagez une Interaction Sociale Positive Avant le Rendez-Vous

**Description :** Ayez une conversation légère et positive avec quelqu'un avant de partir pour votre rendez-vous.

**Pourquoi c'est efficace :** Cela vous mettra dans une bonne dynamique sociale et vous rappellera que vous êtes capable de créer des interactions positives.

**Comment faire :**

- Parlez à un(e) ami(e) proche, un membre de votre famille, ou même un(e) collègue de manière légère et positive.

- Complimentez quelqu'un ou engagez une conversation plaisante avec un inconnu (comme le serveur au café ou la caissière) pour vous échauffer socialement.

- Utilisez ces interactions pour vous donner un élan de positivité avant de vous lancer dans votre rendez-vous.

---

### 9. Faites Quelque Chose Qui Vous Donne de la Joie

**Description :** Faites une activité rapide qui vous procure de la joie ou vous fait rire avant le rendez-vous.

**Pourquoi c'est efficace :** Se plonger dans une activité agréable avant un rendez-vous peut réduire le stress et augmenter votre niveau de bonheur, ce qui se traduit souvent par plus de confiance.

**Comment faire :**

- Regardez une vidéo amusante ou inspirante.

- Faites un mini-sprint d'une de vos passions, comme lire quelques pages d'un livre que vous adorez ou écouter un podcast inspirant.

- Faites quelque chose qui vous fait sentir bien et détendu(e), même si ce n'est que pour 5 à 10 minutes.

---

## Conclusion

Booster sa confiance en soi avant un rendez-vous est une combinaison de préparation mentale, de soins personnels et d'exercices physiques. En adoptant ces pratiques, vous vous assurerez d'arriver à votre rendez-vous avec une attitude positive, prête à profiter de l'expérience sans laisser la nervosité prendre le dessus.

# Comment Reconnaître un Partenaire Émotionnellement Disponible

Être en couple avec un partenaire émotionnellement disponible est essentiel pour une relation saine et épanouissante. Cependant, identifier si quelqu'un est vraiment ouvert et prêt à s'engager émotionnellement peut parfois être délicat. Voici des signes clés pour vous aider à reconnaître un partenaire émotionnellement disponible.

---

## 1. Il/Elle Communique Ouvertement et Honnêtement

**Description :** Un partenaire émotionnellement disponible est transparent dans ses communications. Il/Elle n'hésite pas à exprimer ses sentiments, à partager ses pensées et à discuter de sujets sensibles.

**Signes à observer :**

- Il/Elle partage ses émotions et ses expériences de manière authentique.

- Il/Elle est prêt(e) à avoir des conversations difficiles sans esquiver les sujets délicats.

- Vous sentez qu'il/elle est honnête et direct(e) dans ses échanges, sans laisser de place à l'ambiguïté ou au non-dit.

---

## 2. Il/Elle S'engage et Prend des Initiatives

**Description** : Un partenaire émotionnellement disponible montre un véritable engagement envers la relation et prend des initiatives pour la faire avancer.

**Signes à observer :**

- Il/Elle planifie des activités ensemble et montre un intérêt actif pour passer du temps avec vous.

- Il/Elle fait des efforts pour maintenir la communication et propose des idées pour nourrir la relation.

- Vous n'avez pas l'impression de devoir toujours être celui/celle qui fait le premier pas ou maintient le lien.

---

### 3. Il/Elle Écoute Attentivement et Valide Vos Émotions

**Description** : Un partenaire émotionnellement disponible accorde de l'importance à ce que vous ressentez et prend le temps de vous écouter sans minimiser vos émotions.

**Signes à observer :**

- Il/Elle écoute activement lorsque vous parlez, pose des questions et montre un véritable intérêt pour vos sentiments.

- Il/Elle valide vos émotions, même s'il/elle ne les comprend pas toujours complètement.

- Il/Elle évite les réponses défensives ou invalidantes, et préfère chercher des solutions ensemble si des problèmes surviennent.

---

## 4. Il/Elle Est Capable de Gérer Ses Problèmes Personnels

**Description :** Un partenaire émotionnellement disponible a une certaine maîtrise de ses propres émotions et problèmes personnels, sans les projeter sur vous ou la relation.

**Signes à observer :**

- Il/Elle reconnaît ses propres erreurs et s'efforce de s'améliorer plutôt que de rejeter la faute sur vous.

- Il/Elle est capable de discuter de ses défis personnels sans vous faire porter la responsabilité de les résoudre.

- Vous sentez qu'il/elle a une certaine stabilité émotionnelle et peut gérer le stress ou les conflits de manière mature.

---

## 5. Il/Elle Respecte Vos Limites et Besoins

**Description :** Un partenaire émotionnellement disponible respecte vos limites et prend en compte vos besoins, tout en exprimant les siens de manière claire et respectueuse.

**Signes à observer :**

- Il/Elle est attentif(ve) à vos limites physiques, émotionnelles et temporelles, et ne les franchit pas.

- Il/Elle exprime ses propres besoins de manière saine, sans imposer ou exiger, mais en cherchant des compromis.

- Vous vous sentez respecté(e) et compris(e) dans la relation, sans pression pour aller au-delà de ce que vous êtes prêt(e) à donner.

## 6. Il/Elle A Une Vision Claire de L'avenir de La Relation

**Description :** Un partenaire émotionnellement disponible sait où il/elle en est dans sa vie et ce qu'il/elle veut pour l'avenir, y compris pour la relation.

**Signes à observer :**

- Il/Elle parle de l'avenir avec vous de manière ouverte et honnête, montrant qu'il/elle vous inclut dans ses projets.

- Il/Elle a une idée claire de ce qu'il/elle recherche dans une relation et est prêt(e) à discuter de vos attentes mutuelles.

- Vous avez l'impression qu'il/elle souhaite construire quelque chose de solide et durable avec vous.

## 7. Il/Elle Gère les Conflits de Manière Constructive

**Description :** Un partenaire émotionnellement disponible sait gérer les conflits de manière saine, en cherchant des solutions plutôt qu'en évitant ou en exacerbant les problèmes.

**Signes à observer :**

- Il/Elle aborde les désaccords avec une attitude calme et ouverte, prêt(e) à écouter et à trouver un terrain d'entente.

- Il/Elle évite les comportements destructeurs comme le retrait émotionnel, le mépris ou l'agressivité passive.

- Après un conflit, il/elle est capable de se réconcilier et d'apprendre de l'expérience pour améliorer la relation.

---

## 8. Il/Elle Est Ouvert(e) aux Commentaires et à la Croissance Personnelle

**Description :** Un partenaire émotionnellement disponible est réceptif(ve) aux feedbacks et cherche à s'améliorer en tant qu'individu et dans la relation.

**Signes à observer :**

- Il/Elle accepte les critiques constructives sans se sentir attaqué(e) ou devenir défensif(ve).

- Il/Elle montre un désir de grandir, de se développer personnellement et d'améliorer la relation.

- Vous voyez des efforts concrets pour changer des comportements négatifs ou pour surmonter des défis personnels.

---

## 9. Il/Elle Ne Se Dérobe Pas Lorsqu'il S'agit de Parler de Sentiments

**Description :** Un partenaire émotionnellement disponible est à l'aise pour discuter de ses sentiments et de ses émotions, y compris dans des moments de vulnérabilité.

**Signes à observer :**

- Il/Elle partage ses propres émotions, qu'elles soient positives ou négatives, sans se refermer ou se retirer.

- Il/Elle vous encourage à faire de même, créant ainsi un espace sûr pour les deux partenaires.

- Vous sentez qu'il/elle est authentique dans ses échanges émotionnels, sans se cacher derrière des murs de protection.

---

## 10. Il/Elle Est Présent(e) et Investi(e) dans la Relation

**Description :** Un partenaire émotionnellement disponible montre un investissement réel dans la relation, non seulement par ses paroles, mais aussi par ses actions.

**Signes à observer :**

- Il/Elle est là pour vous, que ce soit dans les moments de joie ou de difficulté, et montre un soutien constant.

- Il/Elle s'implique activement dans la relation, prenant soin de maintenir une connexion émotionnelle forte.

- Vous ressentez une véritable présence, où il/elle est pleinement engagé(e) et dévoué(e) à vous et à la relation.

---

## Conclusion

Reconnaître un partenaire émotionnellement disponible demande d'être attentif(ve) à la manière dont il/elle communique, gère ses émotions, et s'investit dans la relation. Les signes énumérés ci-dessus peuvent vous aider à identifier une personne prête à construire une relation saine, stable et épanouissante. En prêtant attention à ces comportements, vous augmenterez vos chances de trouver un partenaire avec qui vous pouvez développer une connexion profonde et durable.

## Comment Se Remettre d'un Rendez-Vous Désastreux

Avoir un rendez-vous qui se passe mal peut être décourageant, voire embarrassant. Cependant, il est important de se rappeler que ce n'est qu'une étape sur le chemin de la rencontre de la bonne personne. Voici quelques étapes pour vous aider à vous remettre d'un rendez-vous désastreux, à en tirer des leçons et à aller de l'avant avec confiance.

---

### 1. Acceptez et Validez Vos Émotions

**Description :** Après un rendez-vous raté, il est normal de ressentir des émotions négatives telles que la déception, la frustration ou même la honte.

**Comment faire :**

- Prenez un moment pour reconnaître ce que vous ressentez sans vous juger. Il est naturel d'être déçu(e) quand les choses ne se passent pas comme prévu.

- Parlez de vos émotions à un(e) ami(e) de confiance ou écrivez-les dans un journal pour les extérioriser.

- Rappelez-vous que ce n'est qu'une expérience parmi d'autres, et que ces sentiments finiront par passer.

---

### 2. Mettez les Choses en Perspective

**Description :** Un mauvais rendez-vous ne définit pas votre valeur ni votre potentiel en tant que partenaire.

**Comment faire :**

- Rappelez-vous que tout le monde connaît des rendez-vous ratés. Cela fait partie du processus de rencontre.

- Voyez cet événement comme une anecdote amusante à raconter plus tard ou comme une étape vers de meilleures expériences à venir.

- Gardez en tête que chaque rencontre, même négative, vous rapproche de la personne qui vous conviendra vraiment.

---

### 3. Identifiez ce qui N'a Pas Fonctionné

**Description :** Analyser ce qui n'a pas marché peut vous aider à éviter les mêmes erreurs à l'avenir et à mieux comprendre vos préférences et attentes.

**Comment faire :**

- Prenez du recul et réfléchissez objectivement aux raisons pour lesquelles le rendez-vous s'est mal passé. Était-ce un manque de connexion, une mauvaise communication ou simplement un mauvais timing ?

- Considérez ce que vous auriez pu faire différemment, sans vous blâmer.

- Utilisez cette analyse pour affiner ce que vous recherchez et ajuster vos attentes pour les prochains rendez-vous.

---

## 4. Ne Faites Pas une Fixation

**Description :** Il est facile de se concentrer sur les aspects négatifs, mais il est important de ne pas laisser un seul rendez-vous gâcher votre perception des rencontres en général.

**Comment faire :**

- Évitez de ressasser les détails du rendez-vous pendant des jours. Reconnaissez l'expérience et laissez-la aller.

- Réorientez votre énergie vers des activités qui vous apportent du plaisir et du bien-être, comme passer du temps avec des amis, pratiquer un hobby, ou vous adonner à une activité physique.

- Rappelez-vous que chaque rendez-vous est une opportunité d'apprendre, pas une fin en soi.

---

## 5. Parlez-en Avec Humour

**Description :** Le fait de partager votre expérience avec humour peut alléger la situation et vous aider à la relativiser.

**Comment faire :**

- Racontez votre rendez-vous désastreux à des amis proches en y ajoutant une touche d'humour. Cela peut non seulement vous aider à relativiser, mais aussi renforcer vos liens avec vos amis.

- Transformez cet événement en une histoire drôle à partager lors de vos prochaines rencontres ou soirées. Il peut même devenir un sujet de conversation léger et intéressant pour vos futurs rendez-vous.

## 6. Rappelez-vous de Vos Réussites Passées

**Description :** Penser à vos succès passés dans les relations ou les rencontres peut renforcer votre confiance après un rendez-vous décevant.

**Comment faire :**

- Faites un bilan de vos précédentes expériences positives de rencontres. Souvenez-vous des bons moments, des connexions que vous avez établies, et des qualités que vous avez montrées.

- Relisez des messages ou des souvenirs de rendez-vous réussis pour vous rappeler que ce n'est qu'un faux pas parmi d'autres moments positifs.

- Concentrez-vous sur vos points forts et sur ce que vous avez à offrir dans une relation.

## 7. Prenez le Temps de Vous Ressourcer

**Description :** Après un mauvais rendez-vous, il peut être utile de prendre un peu de recul pour recharger vos batteries émotionnelles.

**Comment faire :**

- Accordez-vous une pause des rencontres si vous en ressentez le besoin. Profitez de ce temps pour vous concentrer sur vous-même, vos amis, votre famille, ou vos passions.

- Prenez soin de vous en pratiquant des activités qui vous apaisent et vous font du bien, comme un bain relaxant, une promenade en pleine nature, ou une sortie au cinéma.

- Reconnectez-vous avec ce qui vous rend heureux(se) et épanoui(e), en dehors des rencontres amoureuses.

---

## 8. Soyez Ouvert(e) aux Prochaines Opportunités

**Description :** Ne laissez pas un mauvais rendez-vous vous décourager de rencontrer de nouvelles personnes.

**Comment faire :**

- Restez ouvert(e) à l'idée de poursuivre les rencontres. Chaque nouvelle personne est une chance de vivre une nouvelle expérience.

- Considérez chaque rencontre comme une opportunité d'apprendre quelque chose de nouveau sur vous-même et sur ce que vous recherchez chez un partenaire.

- Planifiez un prochain rendez-vous avec optimisme, en vous disant que chaque expérience vous rapproche un peu plus de la bonne personne.

---

## 9. Réévaluez Vos Critères de Sélection

**Description :** Un rendez-vous désastreux peut être l'occasion de réévaluer vos critères de sélection ou vos attentes en matière de rencontres.

**Comment faire :**

- Prenez un moment pour réfléchir à vos critères actuels pour choisir vos partenaires potentiels. Sont-ils réalistes ? Correspondent-ils vraiment à ce que vous souhaitez dans une relation ?

- Soyez honnête avec vous-même sur les aspects non négociables et ceux où vous pouvez être plus flexible.

- Ajustez vos critères si nécessaire, mais ne compromettez pas vos valeurs fondamentales ou ce qui est vraiment important pour vous.

---

## 10. Rappelez-vous Que L'échec Fait Partie du Processus

**Description :** Comprenez que les échecs, y compris les rendez-vous ratés, font partie du chemin vers la réussite amoureuse.

**Comment faire :**

- Adoptez une attitude de croissance : voyez chaque échec comme une opportunité d'apprendre et de vous améliorer.

- Rappelez-vous que même les histoires d'amour les plus réussies ont souvent commencé par des hauts et des bas.

- Gardez en tête que la recherche de la bonne personne est un voyage, et chaque étape, même les moins agréables, vous mène vers votre destination finale.

---

**Conclusion**

Un rendez-vous désastreux peut être un coup dur pour votre confiance, mais c'est aussi une opportunité de grandir, de réfléchir et de vous renforcer émotionnellement. En suivant ces étapes, vous pouvez transformer une mauvaise expérience en un tremplin vers de meilleures rencontres et, en fin de compte, trouver la personne qui vous correspond vraiment.

## Conclusion : Avancez avec Confiance et Espoir

Chères lectrices,

À la fin de ce voyage à travers les défis, les succès et les leçons des rencontres après 30 ans, il est essentiel de vous rappeler une vérité fondamentale : chaque étape, chaque rendez-vous, et chaque expérience vous rapprochent davantage de l'amour que vous méritez. Ce livre, loin d'être une simple lecture, est conçu comme un véritable guide pratique pour naviguer avec succès dans le monde complexe des rencontres.

Nous avons exploré ensemble les défis de cette quête de l'amour, avons affronté les peurs et les doutes, et avons appris à reconnaître les signes d'une relation émotionnellement disponible. Nous avons décortiqué les erreurs courantes, identifié les red flags et mis en lumière ce que vous devez vraiment rechercher. Vous êtes maintenant équipée pour aborder cette aventure avec une nouvelle perspective.

Ce n'est pas une question de chance, mais de préparation et d'action. Les conseils pratiques que vous trouverez ici ne sont pas des théories abstraites, mais des outils concrets à mettre en œuvre dans votre vie quotidienne. Nous avons laissé de côté les généralités pour nous concentrer sur des actions spécifiques qui vous aideront à améliorer votre approche des rencontres, à renforcer votre confiance en vous et à embrasser pleinement chaque moment de votre célibat.

Rappelez-vous, chaque rendez-vous, même ceux qui semblent échouer, est une opportunité d'apprendre, de grandir et de vous rapprocher de ce que vous recherchez vraiment. La confiance en soi, l'ouverture d'esprit et l'authenticité sont vos meilleurs alliés dans cette aventure. Soyez bienveillante envers vous-même, accordez-vous la patience nécessaire et surtout, gardez espoir. L'amour véritable, celui qui est construit sur la compréhension mutuelle et le respect profond, est à votre portée.

Avant de conclure, laissez-moi vous encourager à prendre une dernière action importante : **faites le premier pas vers une nouvelle opportunité**. Choisissez une astuce ou un conseil de ce livre et mettez-le en pratique dès aujourd'hui. Chaque petit geste, chaque décision consciente, est un pas vers la création de la relation que vous souhaitez et méritez.

**Affrontez chaque nouvelle rencontre avec courage et ouverture d'esprit**, en gardant en tête que chaque expérience vous rapproche de votre véritable bonheur. Vous avez en vous la force et la sagesse nécessaires pour transformer chaque défi en une victoire personnelle. Le chemin peut être semé d'embûches, mais chaque pas que vous faites est un pas de plus vers la réalisation de vos rêves amoureux.

Envisagez l'avenir avec optimisme et souvenez-vous : **l'amour arrive souvent de la manière la plus inattendue**. Continuez à croire en vous, en votre valeur et en vos aspirations. Le voyage que vous entreprenez est précieux, et chaque moment passé à vous préparer pour l'amour est un investissement dans un avenir radieux.

Avec toute mon admiration et mes encouragements les plus sincères,

Mac KAUKA

## Prêt(e) à Aller Plus Loin dans Votre Quête de l'Amour ?

Vous avez plongé dans *La Magie de la Deuxième Chance* et vous êtes maintenant armé(e) de stratégies et de conseils pour transformer votre vie amoureuse. Mais peut-être sentez-vous qu'un accompagnement personnalisé pourrait vraiment faire la différence ? Que diriez-vous de bénéficier d'un suivi expert pour approfondir votre démarche et maximiser vos chances de succès ?

## Je suis là pour vous aider à chaque étape du chemin.

Voici ce que je vous propose pour vous guider vers l'amour que vous méritez :

- **Coaching Personnalisé** : Bénéficiez de sessions de coaching individuelles pour affiner vos objectifs, surmonter vos obstacles personnels et élaborer une stratégie sur mesure pour vos rencontres.

- **Analyse de Profil** : Recevez des conseils détaillés sur l'optimisation de votre profil de rencontres en ligne pour attirer des partenaires qui vous correspondent vraiment.

- **Ateliers de Préparation aux Rendez-vous** : Participez à des ateliers interactifs pour améliorer votre confiance en vous et maîtriser les techniques de communication efficaces lors des premiers rendez-vous.

- **Support Continu** : Accédez à un soutien régulier pour ajuster vos stratégies en fonction de vos expériences et des résultats obtenus.

## Pourquoi faire appel à moi ?

Avec mon expertise en relations et en stratégie de rencontres, je suis là pour vous offrir un accompagnement sur mesure. Vous bénéficierez de conseils pratiques, d'une écoute attentive et d'une approche proactive pour vous aider à naviguer avec succès dans le monde des rencontres.

**Ne laissez pas passer cette opportunité de transformer votre vie amoureuse !** Contactez-moi dès aujourd'hui pour planifier une consultation gratuite et discuter de la manière dont nous pouvons collaborer pour réaliser vos objectifs.

**Réservez votre place maintenant et faites le premier pas vers une vie amoureuse épanouissante.**

**Contactez-moi à contact@mackauka.fr ou visitez www.mackauka.fr pour plus d'informations et pour prendre rendez-vous.**

---

**"Le voyage vers l'amour peut être plus joyeux et réussi avec le bon soutien. Je suis ici pour vous aider à chaque étape de ce voyage."**

**À bientôt,**

© 2024 Mac Mac Kauka
Édition : BoD • Books on Demand GmbH, In
de Tarpen 42, 22848 Norderstedt (Allemagne)
Impression : Libri Plureos GmbH,
Friedensallee 273, 22763 Hamburg (Allemagne)
ISBN : 978-2-3225-2477-8
Dépôt légal : Août 2024